© 1989 EDITORIAL 92, S.A.
c/. Industria, 211, entlo. 4.ª
BARCELONA 08026 - Tel. 347 28 21
ISBN DE LA COLECCION 84-87254004
ISBN DEL VOLUMEN GOLF 84-87254-07-1
Dep. Legal B-16442-1989

Fotos: Bob Thomas/Fede Perex
Maqueta, fotocomposición y montaje: TADAE, S.A.
Fotograbados: FRAGMA, S.A.
Impresión: ROTOGRAPHIK, S.A./GIESA
Distribución: MIDESA

DEPORTE 92

Colección dirigida por
Jordi Huguet i Parellada

7 GOLF

EDITORIAL 92 S.A.

DE PASTORES A REYES

El golf es el deporte practicado por mayor número de jugadores en el mundo.

En nuestro país está experimentando en los últimos años una importante evolución, aumentando considerablemente tanto el número de federados como de campos. A ello contribuyen una serie de factores que comentaremos más adelante, pero comencemos explicando brevemente los orígenes de nuestro deporte.

Es de todos conocido que la práctica del golf comenzó, al parecer, como pasatiempo de pastores en la Escocia del siglo XV. Pero centrándonos en España, el primer campo de golf se construyó en la ciudad de Las Palmas en 1891. En la península se fundó en 1904 el Real Club de la Puerta de Hierro, aunque comenzó a funcionar bajo distinto nombre y emplazamiento del que tiene en la actualidad. En 1914 se trasladó al lugar que hoy ocupa, donado por el Rey Alfonso XIII.

Al campo de Puerta de Hierro siguieron otros como el Real Club de Golf de Lasarte, en el año 1910, situado a 8 kilómetros de San Sebastián. En 1911 se inauguró la Sociedad de Golf de Neguri. Un año más tarde fue fundado el Real Golf Club de Zarauz, en la villa de este nombre, inaugurándose ese mismo año el Real Club de Golf de Pedralbes en Barcelona, seguido de otros muchos, hasta completar los más de 100 campos que existen en la actualidad.

La favorable climatología, las magníficas instalaciones y quizá fundamentalmente las destacadas figuras de nuestros excepcionales jugadores han contribuido a este despertar de la afición a un deporte que tiene la enorme ventaja de poder ser practicado en todas las etapas de la vida... EL GOLF.

EMMA VILLACIEROS
Presidenta de la Real Federación Española de Golf

EXALTACIÓN DEL VERDE

A fuerza de seguirle los pasos a Ballesteros, de rastrear como si fuéramos uno de sus "caddies" los campos en los que ha ido desgranando su juego repleto de matices, de contar una a una sus victorias ante los más grandes o de tratar de imitar su repertorio de gestos y actitudes ante el hoyo, hemos acabado por familiarizarnos con el golf. Pocos aficionados en España se llevan ahora las manos a la cabeza cuando una crónica de golf hace referencia al "birdie", al "eagle", al "green del ocho" o al "chip", vocablos que han terminado por ser habituales en los periódicos españoles. Seve ha hecho posible el pequeño gran milagro de que un país condenadamente atraído por el fútbol se interesara por el golf y todo su cálido verdor.

Y ahí está el golf en plena expansión. Es una de las actividades preferidas de los aficionados de cierta edad, recomendada para la salud, divertida y caballerosa por encima de cualquier cosa. El golf, mezcla de potencia y habilidad, es un sencillo juego basado en el número de golpes que hay que dar a una pequeña bolita, el *"blanco glóbulo mensajero"* que diría Ramón de Basterra, en un recorrido fijo de dieciocho hoyos. El rival es, antes que los otros jugadores y el campo y sus dificultades artificiales, uno mismo.

La mejor prueba de que estamos ante un deporte apto para cualquier persona por adulta que sea es que el mejor jugador de todos los tiempos, el heredero lógico de Bobby Jones, es un veteranísimo maestro norteamericano que está a punto de cumplir los 50 años: Jack Nicklaus. Y Nicklaus puede presumir en estos momentos de estar en posesión del palmarés más brillante de la historia del golf, con seis títulos del Masters de Augusta presidiendo su colección de grandes triunfos.

Nicklaus, que gusta de repetir que si se creyera el mejor jugador del mundo *"no sería capaz de conseguir nada"*, es un profesional íntegro que ha dignificado la práctica del golf con su dilatada y al mismo tiempo irrepetible carrera. *"Aunque se pueda pensar que para mí es fácil decirlo, lo cierto es que si algún día pierdo la visión de que el golf es un deporte, entonces perderé el sentido del juego. Si me pagaran un sueldo por jugar al golf estoy seguro de que lo dejaría"*, ha explicado.

La carrera de Nicklaus está estrechamente ligada con la del maravilloso campo de Augusta donde anualmente se disputa el Masters, prueba cumbre de la temporada golfista. Y uno de los aspirantes al trono del viejo "Oso dorado" es el español Severiano Ballesteros, considerado por muchos críticos como el mejor jugador del mundo en los años ochenta.

Por la difusión del golf en el mundo han hecho mucho jugadores como los mencionados, naturalmente, pero asimismo campos cuya huella no podrá ser jamás borrada. El de Augusta es uno de ellos, pero en la lista habría que añadir algunos de Inglaterra y sobre todo el de Saint Andrews, en Escocia, considerado como la cuna de este deporte. Allí fue donde se desarrollaron los primeros reglamentos de este juego. El rey Jaime IV fue el primer jugador de la historia y su hija, María Estuardo, que fue vista jugando al golf días antes del asesinato de su marido, la primera mujer que lo practicó.

El club de golf de Saint Andrews se fundó en 1754, año en el que los veintidós nobles caballeros que formaban el comité de dirección de esa institución fijaron las reglas del juego, prácticamente vigentes en la actualidad. La entidad pasó a denominarse The Royal and Ancient Golf Club ochenta años después.

Hoy el golf es uno de los deportes favoritos de medio mundo, y similar expectación levantan la disputa de la Ryder Cup que los asombrosos récords que para el libro de Guiness dejan algunos jugadores tocados por la fortuna. Los aficionados a este deporte y a las estadísticas más enrevesadas saben que el "drive" más largo que se conoce lo dio George Bayer, que envió la bola a una distancia de 538 metros en un torneo disputado en Australia, que el recorrido más rápido pertenece a Bob Williams, que jugó 18 hoyos en 27 minutos y 48 segundos, y que el golpe más peligroso fue el que dio en plena Primera Guerra Mundial el desafortunado MacMahon, que confundió la bola con una granada e intentó el "drive" con la culata de su fusil. Ya no lo contó.

DEPORTE 92

HISTORIA

LA OBSESIÓN DE LOS
NÚMEROS MÁGICOS

El golf nació en un prado escocés un miércoles a las nueve y cuarto de la mañana. A esa hora un pastor asestó con su cayado un golpe a una piedra esférica que comenzó a volar por los aires hasta caer en una madriguera de conejo ante la mirada atónita del escocés. Quedó tan impresionado de la galáctica trayectoria del guijarro que fue a recuperarlo y decidió repetir la acción. Lo hizo en varias ocasiones pero sin tanta suerte como en la primera.

Otro pastor que había observado atentamente tan singular ceremonia desde el campo de al lado se acercó a su colega y, ávido de nuevas sensaciones, quiso probar fortuna. A las diez menos cuarto horas de aquel miércoles se jugó el primer partido de golf de la historia. A las diez y diez se contó la primera mentira sobre este deporte cuando el "inventor", reaccionando ante la habilidad del "novato", alegó haber embocado la piedra tres veces en la madriguera en vez de una antes de que llegara su ya oponente y casi enemigo.

A las doce menos cinco, mientras ambos reponían fuerzas dando buena cuenta de las viandas que llevaban en el zurrón, se discutieron las primeras reglas del juego. Media hora más tarde dejaron de hablarse por disparidad de criterios y a los pocos minutos ya había nacido el primer chiste sobre este deporte.

Esta es una de las 2.753 teorías que existen sobre el nacimiento del golf. Son muchos —con perdón— los padres de la criatura. Hay quien dice que en la antigua China se jugaba al golf. También se identifica a este deporte con otro que practicaban los romanos y al que denominaban paganica. También parece ser que vascos y castellanos, allá por el siglo III, se entretenían golpeando una masa esférica con un bastón. En realidad fueron varias las culturas antiguas que se ejercitaban en actividades similares, aunque relacionar esas actividades con el golf actual es sumamente arriesgado.

Prácticamente todo el mundo está de acuerdo en que fueron los escoceses quienes dieron a conocer el golf aunque la paternidad del "invento" es difícilmente adjudicable, al menos con datos históricos. En Holanda también se practicaba un juego similar al que denominaban kolveno golf, palabra que significa bastón o báculo. El kolven se disputaba tanto sobre tierra firme como sobre hielo, propinando golpes de bastón a una pelota para dirigirla hacia un objetivo establecido. Hay referencias pictóricas sobre este juego, las más importantes son "golfistas sobre hielo cerca de Haarlem", de Adriaen va de Velde, que data de 1668 y que se conserva en la National Gallery de Londres, y otra obra aparecida en América en 1657 en la que se muestran a tres emigrantes holandeses jugando kolven en un día festivo.

En Bélgica también se practicaba otro juego, denominado chole, cuyo terreno de acción era siempre el campo abierto y en el que los dos bandos competidores golpeaban la misma bola. Las referencias sobre el chole datan del siglo XIV.

Uno de los antecedentes con mayor similitud al golf actual es el jeu de mail de gran tradición en Francia y con una serie de modalidades que recuerdan mucho a las distintas formas de jugar al golf. El escenario era también el campo abierto así como sus caminos y accidentes. Cada jugador golpeaba su bola y el ganador era el que menos golpes le propinaba hasta llegar a un lugar establecido. Entre aquellas viejas modalidades francesas, la de Roüet implicaba un partido entre tres o cuatro individuos, la de Partie entre bandos con el mismo número de jugadores, Chicane era una fórmula de juego muy parecida al matchplay y Grand Coups venía a ser una competición entre varios jugadores para saber quién era el que podía golpear la bola con más fuerza y enviarla más lejos; incluso en esta modalidad se permitía la utilización de un soporte para la bola, algo así como un "tee".

Se sabe que las tropas romanas en Inglaterra practicaban paganica, consistente en golpear, con un bastón curvo, una bola de cuero rellena de plumas, pero también sería muy arriesgado afirmar que aquel juego permaneció en Gran Bretaña evolucionando hasta convertirse en el golf. En la catedral de Gloucester se conserva una vidriera del siglo XIV en la que aparece un caballero con un palo en la mano que da la sensación de realizar un swing, probablemente representando a un jugador de Çambuca, consistente asimismo en golpear una bola con un palo.

La primera referencia histórica del golf como tal deporte aparece en una ley del Parlamento de Escocia promulgada el 6 de marzo de 1457 en la que el rey James II prohibió la práctica del golf debido a que su creciente popularidad había hecho que todos los ciudadanos se entre-

gasen a este juego abandonando el tiro con arco, vital en aquel entonces para la defensa nacional ante los ataques de Inglaterra.

Esa prohibición revela por sí misma la gran popularidad que había
alcanzado este deporte en la masa social escocesa que, a pesar de ella,
no se resignó a no jugar aunque fuese furtivamente, pero no hubo la
esperada tolerancia y nuevamente el Parlamento insistió en la prohibición de forma mucho más severa en 1491, bajo el reinado de James
IV. No obstante, la paz que se vivió en los siguientes años hizo que se
relajase el cumplimiento de la ley que había nacido para proteger los
intereses de la defensa nacional y que la práctica del golf fuese imparable.

Con la firma de un tratado de paz entre Escocia e Inglaterra, en 1503,
el golf volvió a la legalidad y únicamente fue prohibido los domingos
"in tyme of sermonis". No es que tuviera opositores este deporte, se
trataba de que la gente dejaba de ir a los servicios religiosos entregándose por completo al juego.

UN DEPORTE POPULAR

En 1553 se produjo un hecho importante para el desarrollo del golf
en Escocia: el reconocimiento, por parte del arzobispo de Saint Andrews,
con la aprobación del Capítulo, de los terrenos en los que se practicaba
este deporte para utilidad pública. Aquella lengua de terreno que se aden-
tra en el mar del Norte era el lugar de concentración de los habitantes
de esta ciudad para todo tipo de esparcimiento, especialmente para el
que nos ocupa. Con el paso de los años, el golf se hizo dueño y señor
de aquellos lares hasta considerarse en la actualidad como la auténtica
meca de este deporte.

A lo largo de los siglos XV y XVI también se practicó en Inglaterra
aunque no alcanzó los grados de popularidad de que gozaba en Escocia; más bien era considerado como una distracción que tenían algunos
nobles sofisticados. El gran impulso llegó cuando el rey James VI de
Escocia subió al trono de Inglaterra como James I. Sus enormes aptitu-
des para este deporte, que practicaba asiduamente, fueron secundadas
por la nobleza y paulatinamente por el pueblo. Cinco años más tarde,
en 1608, el propio monarca creó un campo en Blackheath Common.
A pesar del impulso inicial no llegó a cuajar el golf entre los ingleses de
la misma manera que en Escocia pero ese primer núcleo mantuvo la
llama viva hasta que en 1766 el Royal Blackheath golf Club fue una
sociedad con todas las de la ley, a la que acudían golfistas de todos los
rincones del país para practicar su deporte favorito.

En los años que hemos descrito el golf se jugaba en terrenos públicos sin ningún tipo de adaptación. Los accidentes eran los que ofrecía
de forma natural el propio terreno. No existían los "greens" y el hoyo

se colocaba en cualquier zona de terreno generalmente plano. Los golfistas, sobre todo en Escocia, eran de cualquier estrato social y no se les había pasado por la cabeza la idea de asociarse o constituir clubs. Se tienen noticias de que el primer partido internacional se celebró en 1681, en Edimburgo, entre un equipo escocés compuesto por Guillermo II Estuardo y un zapatero local, y otro inglés constituido por dos gentilhombres londinenses. La primera jugadora de golf, al menos si nos ceñimos a datos históricos rigurosos, fue María Estuardo. La nobleza acaparó en esos años los datos históricos; es sabido, por ejemplo, que Carlos I se enteró de la revolución de Irlanda mientras jugaba al golf en Leith durante la visita que hizo a Escocia en 1641, pero la popularidad de este deporte era ya imparable en todos los estratos sociales.

En el siglo XVIII se hizo necesario imponer una reglamentación común al mismo tiempo que la creación de los clubs organizados. En 1744 se creó el primer club del mundo, todavía existente, la "Honourable Company of Edimburgh Golfers", en cuya presentación ante el Consejo de Edimburgo se ofreció un palo de golf de plata como trofeo de una competición anual entre "nobles y caballeros de cualquier lugar de Gran Bretaña o Irlanda". La Honorable Compañía nació en Leith, Escocia, pero en 1836 se trasladó a Musselburgh y en 1892 se instaló definitivamente en Muirfield.

En 1754 se fundó la Sociedad de Golfistas de Saint Andrews, sin duda alguna la más prestigiosa e influyente a lo largo de la historia de este deporte. El 14 de mayo del mismo año de su constitución, esta sociedad redactó las primeras reglas del golf para unificar los hasta entonces amplios, y en ocasiones ambiguos, criterios con los que se disputaba cualquier confrontación. Los veintidós nobles y caballeros allí reunidos para tal fin establecieron las primitivas 13 reglas que a lo largo de los años han sido la base de este deporte en los cinco continentes. El creciente prestigio de Saint Andrews se vio confirmado cuando en 1834, y siendo miembro de la sociedad el rey Guillermo IV, tomó su actual nombre: "Royal and Ancient Golf Club of Saint Andrews".

La formación de estos clubs y la aceptación de las 13 reglas hizo que la práctica del deporte se extendiera de forma generalizada primero hacia la costa Este de Escocia, luego hacia Inglaterra, Gales e Irlanda y finalmente, en el siglo XVIII, por el continente europeo y las colonias del Imperio Británico.

El primer club inglés, después del Royal Blackheath, fue el Old Manchester Club, fundado en 1818 en los terrenos de Kersal Moor. En 1864 se creó el Royal North Devon Golf Club en Westward Ho, que fue el primer links —campo junto al mar— fuera de Escocia, actualmente famoso por su impresionante museo —uno de los más completos— de reliquias del golf. En 1829 el golf surcó los mares y se instaló en la India. Allí se formó el Calcutta Club, hoy Royal Calcutta Club, que fue el primero constituido fuera de las islas británicas. En 1842 le siguió el Bombay Club.

En el viejo continente el golf comenzó a practicarse en 1814, cuando los oficiales del duque de Wellington se instalaron en Pau, Francia, después de la batalla de Orthez. Algunos oficiales se tomaron la guerra estóicamente y se desplazaron allí con sus palos de golf improvisando un campo en la zona de Billère. En 1871, en Adelaida se introdujo el golf en Oceanía, mientras que en 1885 se creó el primer club africano, el Cape Club en Ciudad del Cabo. Ambos, lógicamente, fueron impulsados por los colonos británicos.

En Estados Unidos, principal potencia actual de este deporte, el golf tuvo unos comienzos titubeantes. Hay datos fidedignos de que se jugaba a mediados del siglo XVIII e incluso se fundaron dos clubs en ese siglo, uno de ellos en Charleston, Carolina del Sur, en 1786 y otro en Savannah, Georgia, en 1795, pero ambas sociedades desaparecieron dentro del continuo flujo de emigrantes hacia el Oeste y de la inestabilidad de los primeros colonos. El honor de ser el primer club, existente actualmente en América, no corresponde a ninguna entidad estadounidense, sino de Canadá. En 1873 se fundó el Royal Montreal, que fue seguido, en 1875, por el Quebec Club y un año más tarde por el Toronto.

El impulso definitivo en Estados Unidos llegó de la mano de un escocés emigrante en Nueva York. El tal John Reid se enteró un buen día de que un amigo y paisano suyo iba a viajar a su tierra de nacimiento y le hizo un encargo: un juego de palos y unas cuantas bolas. Robert Lockhart, que era el amigo, fue a Saint Andrews y compró seis palos y dos docenas de bolas en la tienda del viejo Tom Morris. Cuando Reid recibió el material encargado, buena parte de sus tierras de Lake Avenue, Yonkers, se convirtieron en un coqueto campo de golf de tres hoyos. Desde aquel 22 de febrero de 1888, el golf se extendió inevitablemente por Estados Unidos.

Reid, con el tesoro que suponían aquellos seis palos y veinticuatro bolas, decidió que su forma de entender el colonialismo no era meterse en un carromato para buscar los horizontes lejanos. Con cuatro amigos más se hicieron con un terreno de 30 acres en el que construyeron un campo de seis hoyos que se inauguró el 14 de noviembre del mismo año. En la celebración se brindó no por Reid, sino por su amigo Lockhart, que había hecho posible, cumpliendo el encargo, que el golf renaciera en Estados Unidos. Este deporte se extendió con suma rapidez por el país como uno de los pasatiempos favoritos de los americanos y el propio Lockhart fue arrestado poco después de su viaje a Escocia por lanzar bolas en el Central Park neoyorquino poniendo en peligro la integridad de los paseantes.

En 1891 se constituyó el Shinnecock Hills Golf Club en Long Island, amoso por ser el más antiguo de los clubs existentes en los Estados Unidos y porque además fue el primero en disponer de una casa club en la que se reunían sus 44 socios iniciales. El primer campo de 18 hoyos fue el del Chicago Golf Club, creado en 1893 por Charles B. McDonald, que había sido estudiante en Saint Andrews. McDonald fue el primer campeón amateur de Estados Unidos al derrotar a Charles Sands, en 1895, sobre los terrenos de Newport, Rhode Island. En este mismo campo y al día siguiente de este triunfo se disputó el primer Open de los Estados Unidos. El campeón fue un inglés, Horace Rawlins, que acababa de llegar de su país para trabajar como ayudante de profesor en el Newport Golf Club; el segundo clasificado fue el escocés Willie Dunn, un profesional que impartía clases en Shinnecock. Un año antes de estos dos campeonatos se había constituido la United States Golf Association —U.S.G.A.—, que fue la organizadora.

En aquella época las cosas pasaban a una velocidad vertiginosa en el Nuevo Continente, por lo que no es de extrañar que, desde que Reid creara el primer campo de tres hoyos —1888— hasta la conclusión del siglo, en tan sólo doce años, se constituyeron 1.000 clubs de golf en Estados Unidos. La U.S.G.A. jugó un papel importantísimo en el desarrollo de este deporte promoviendo sociedades y torneos. Nació con cuatro clubs fundadores, el Newport Golf Club y el Country Club de Brookline a las afueras de Boston. El papel alcanzado por la U.S.G.A. le llegó a equiparar con Saint Andrews para dictar las normas que rigen en este deporte en la actualidad.

LAS CANARIAS, PIONERAS EN ESPAÑA

En los inicios del nuevo siglo, concretamente en 1903, Japón vio por primera vez cómo la magia del palito y la bolita causaba auténtico fanatismo entre sus adeptos. Un comerciante británico, un tal Arthur Groom, construyó el primer campo en el lejano oriente, concretamente sobre la ciudad portuaria de Kobe. Groom no buscó un terreno plano para su recorrido de cuatro hoyos, sino la cima del monte Rokko, a 900 metros de altitud sobre Kobe. Llegar al campo era toda una odisea en la que se invertían no menos de dos horas ya que había que hacer el recorrido a pie y en algunos tramos escalando la montaña, e incluso los intrépidos golfistas tenían que ser izados dentro de canastas tiradas por cuerdas para acceder al sosiego del golf. Groom, que no había jugado en su vida a este deporte hasta que tuvo su propio campo, vio como los británicos pasaban todo tipo de peripecias para practicar su juego favorito y al año siguiente su campo ya tenía dieciocho hoyos y doscientos socios. Dado lo difícil que era el acceso, la mayoría de golfistas decidían pasar allí el fin de semana, con lo que el nuevo negocio del comerciante fue viento en popa.

La popularidad de este campo hizo que muy poco después se construyesen otros en Yokoya y Yokohama, en 1906. El Tokio Club se fundó en 1914 y no ya por emigrantes británicos sino por los propios japoneses, que, con el paso de los años, se han convertido en auténticos fanáticos del asunto.

La península Ibérica engulló su primera bola de golf en 1889, cuando seis ciudadanos británicos construyeron un campo de nueve hoyos en la localidad de Espinho, a las afueras de Oporto. Este campo ha pasado a la historia por poseer uno de los más duros e inauditos obstáculos que pueda encontrarse, en cualquier recorrido: durante los meses de julio y agosto —temporada taurina en la zona— las reses bravas eran llevadas a pastar sobre los terrenos del golf durante toda la semana a la espera de la corrida del domingo en Oporto. Los toros no solamente pastaban, sino que mordían las banderas, pisoteaban los greens y, en el peor de los casos, aparecían inesperadamente tras las dunas poniendo fin al más enconado partido. Allí nació el golf-emoción.

La primera referencia que se tiene en España sobre la práctica de este deporte data de 1891, cuando otro grupo de británicos fundó una sociedad sobre un campo que construyó en Gran Canaria, concretamente en los terrenos conocidos como la Loma del Polvo, cuya superficie poco tenía que ver con los prados verdes sino más bien con el paisaje desértico de la zona. Posteriormente se abandonó aquel emplazamiento desagradecido para instalarse en el actual de Bandama.

En 1904 se crea en Madrid el Madrid Polo Club en el hipódromo de la Castellana. Diez años más tarde se trasladó a unos terrenos donados por el Rey Alfonso XIII y recibió el nombre de Real Club de la Puerta de Hierro. En 1913 ya se habían disputado algunas competiciones y el Golf en España comenzaba a ser una realidad. En 1910 se fundó el Real Club de Golf de Lasarte, cerca de San Sebastián, que contaba con nueve hoyos y que más recientemente trasladó sus instalaciones a Jaizkibel. Un año más tarde, en 1911, se inauguró cerca de Bilbao la Sociedad de Golf de Neguri con unas instalaciones iniciales de once hoyos. También esta sociedad cambió su emplazamiento al actual de la Galea.

Zarauz conserva el campo de nueve hoyos que allí se construyó en 1912 con un aspecto de auténticos links británicos desde los que se intuye el Ratón de Guetaria. El mismo año y también con nueve hoyos se inauguró el Real Club de Golf de Pedralbes, en Barcelona, muy cer-

cano al Palacio Real y que desapareció al ser absorbido por el crecimiento de la ciudad. En 1919 se fundó muy cerca de la capital catalana el Club de Golf de Sant Cugat, que contaba inicialmente con nueve hoyos y que fue promovido por emigrantes británicos instalados en la comarca del Vallés.

Los años 20 vieron el nacimiento de clubs llenos de solera. En 1922 se fundó el Club de Golf Terramar, en Sitges que también contaba en sus inicios con nueve hoyos situados junto al mar, uno de cuyos grandes obstáculos siguen siendo la ría que hay que atravesar en el actual hoyo 6 y en la que algunos no sólo han perdido bolas sino también han arrojado palos. En 1925 se fundó el Club de Campo de Málaga promovido por la Dirección General del Turismo, campo y que se convertiría en el pionero en una zona en la que el Golf lo es prácticamente todo en la actualidad. En 1929 nació el Real Golf de Pedreña en uno de los parajes más bellos de la zona situado entre la bahía y el río Cubas. Y en el mismo año se fundó el Real Club de Golf de la Cerdaña, en pleno Pirineo, a escasos kilómetros de Puigcerdà.

Los emplazamientos de todos estos campos corresponden a grandes ciudades o bien a lugares donde los habitantes de esas metrópolis solían veranear. El Golf en España comenzaba a ser un juego de moda entre las clases con mayores posibilidades aunque paulatinamente comenzó a extenderse a otras capas sociales de la mano del profesionalismo.

Antes de la Guerra Civil se fundaron dos clubs más. En 1930, el Club de Campo de Madrid, que contaba con un recorrido de 18 hoyos y que pasada la guerra se fusionó con la Real Sociedad Hípica Española, y en 1932 "El Peñón", el Club de Golf de Tenerife, que instaló sus doce hoyos muy cerca del aeropuerto de Los Rodeos, con lo que se ratificaba el interés existente en las Canarias por esta modalidad deportiva.

Tras la conflagración bélica, los campos de Golf fueron creciendo paulatinamente hasta llegar al momento actual, en el que se viene produciendo una espectacular expansión debida primordialmente a los éxitos conseguidos internacionalmente por los golfistas españoles, a la trascendencia que estos han tenido a través de los medios de comunicación y a la inigualable fuente de ingresos que supone como reclamo turístico.

UN DEPORTE REAL

Tanto en España como en cualquier país europeo, la palabra Real acostumbra a preceder el nombre de los más tradicionales clubs y es que el Golf, aunque nació como práctica habitual del pueblo llano, siempre encontró el favoritismo de monarcas y nobles que lo adoptaron como un deporte propio en algunos casos, en otros hicieron valer sus poderes para promocionarlo y en cualquier circunstancia fueron quienes hicieron que se escribiera de este deporte en las páginas de la Historia.

Se sabe con certeza que James IV de Escocia y I de Inglaterra era un ferviente jugador porque las cuentas del Tesoro revelan sus deudas al conde de Bothwell tras perder un partido de Golf. Las mismas cuentas delatan, en 1506, inversiones en la compra de palos y bolas. Casado con la princesa Margarita, hija de Enrique VII, fue uno de los más ardientes jugadores que ha tenido la realeza británica hasta su muerte en la batalla de Flodden contra su cuñado Enrique VIII, en 1515.

Catalina de Aragón, la primera de las esposas de Enrique VIII, también fue una fanática de este deporte y a él se entregaba casi diariamente ante las muchas ausencias de su esposo en misiones de guerra. Existe un documento de la propia reina, dirigido al cardenal Wolsey, en el que le explica haber encontrado el confort en esta disciplina para paliar las largas ausencias de su marido.

La reina Mary de Escocia también era una asidua practicante, siendo Saint Andrews su campo habitual. La muerte por estrangulamiento de su marido, lord Darnley, en 1567 no le impidió jugar muy pocos días después del entierro en el campo de Seton House. Su antagonista, la reina Elizabeth I, también se entregó al golf.

Carlos I de Inglaterra era otro ferviente practicante. Hasta tal punto llegaba su afición que, habiendo sido hecho prisionero por los escoceses en 1645, en el castillo de Newcastle pidió —y le permitieron— jugar cada día en las afueras del establecimiento.

El primer club que colocó la palabra Real por delante de su nombre fue la Royal Perth Golfing Society en 1833, gracias a la concesión del rey Guillermo IV, quien, un año más tarde, hizo la misma graciosa cesión a Saint Andrews, de donde fue patrón, otorgando también un medallón de oro para la competición anual que se celebra en el Royal and Ancient. A su muerte, su esposa, la reina Adelaida, concedió también un medallón a Saint Andrews para que lo llevara el capitán del club en cada acto público.

También fue patrón de Saint Andrews la reina Victoria, quien tuvo en su hijo Eduardo VII a uno de los mayores fanáticos que ha conocido el golf entre la realeza. Además de haber sido capitán de Saint Andrews, Eduardo VII se hizo construir un campo propio en el castillo de Windsor. Su hijo, Jorge V, no fue tan aficionado pero sí los hijos de éste: Eduardo VIII, Jorge VI y el duke de Kent; todos ellos fueron capitanes del Royal and Ancient. De ellos fue quizás Eduardo VIII —que abdicó por su matrimonio con Wallis Simpson— el mejor jugador, ya que consiguió dos hoyos en uno y tomó parte en distintas competiciones para amateurs, en una de ellas formando equipo con el mítico jugador norteamericano Bobby Jones.

Otra familia real adicta al golf ha sido la de Bélgica. El Rey Alberto fundó, en 1906, el Royal Golf de Belgique. El Rey Leopoldo participó en los campeonatos amateurs nacionales de su país, en 1939, y diez años más tarde lo hizo en los de Francia. Su hijo, el rey Balduino, representó a su país en el triangular Bélgica-Francia-Holanda de 1958 y al año siguiente, disputó el pro-am de Gleneagles con el profesional galés Dai Rees. El monarca se inscribió discretamente bajo el nombre de Mr. B. de Rethy.

El príncipe Claus de Holanda ganó el pro-am del Open de Holanda de 1974 junto al profesional Peter Oosterhuis. El rey Hassan de Marruecos también es otro entusiasta y amante de organizar torneos en los que pueda competir junto a destacados profesionales. También lo fue el Sha de Irán, que promovió la construcción de campos en su país para atraer turismo, contratando al profesional británico Robert Sandow para instruirle y diseñar los campos. Por cierto que uno de los mejores campos que ha diseñado Sandow no fue en Irán, sino en Gales, y lo hizo en la propiedad de Charles Stewart Rolls, el creador de los Rolls Royce. En la casa club del Rolls Mommouth —así se llama el campo—, fue donde primitivamente se desarrolló el mítico motor Rolls Royce.

Varios primeros ministros británicos también fueron asiduos a este deporte. El primero de ellos fue James Balfour, a finales del siglo pasado. Balfour no se conformaba con jugar él, sino que además hizo abundante proselitismo entre los ministros y parlamentarios para que se dedicasen a la práctica de este deporte. David Lloyd George, otro premier británico, también gustaba de jugar en fines de semana y en sus vacaciones. Lo mismo sucedía con Winston Churchill, quien definió el golf como "la intención de llevar una bola hasta un hoyo con una serie de armas diseñadas para tal propósito".

Los presidentes americanos tampoco se han escapado a la fiebre golfística. Uno de los más acérrimos seguidores fue Dwight Eisenhower, quien al instalarse en la Casa Blanca, en 1953, se hizo construir un green de prácticas y un bunker. Su tercera residencia —la segunda, en Camp David, ya tenía campo de golf— fue en Augusta donde todavía se conserva su casa junto al tee del hoyo diez del más mítico campo americano. Vamos, que lo tenía muy claro. Incluso uno de sus mejores amigos llegó a ser el no menos mítico Arnold Palmer, el hombre que con sus triunfos revolucionó este deporte, convirtiéndolo en un espectáculo de masas.

Gerald Ford fue otro fanático que tomó parte en numerosos torneos, tanto en Estados Unidos como en Gran Bretaña. Ford no solamente se hizo famoso por sus tropezones y caídas en actos públicos, sino por su desconcertante juego. Si bien en cierta ocasión llegó a conseguir un hoyo en uno de los profesionales que jugaron con él, le temían en el "tee" de cada hoyo ya que en más de una ocasión golpeó con la bola a algún espectador cercano. Nicklaus dijo de Ford que aún no le había entrado en la cabeza que una bola de golf no podía atravesar el tronco de un árbol por mucho que se empeñara el señor presidente, y Bob Hope, otro entusiasta del asunto, llegó a proponer que en las conversaciones de paz que debían sostener con los soviéticos, lo primero que tenía que reclamar Andrei Gromiko era la retirada de los palos de golf de Gerald Ford.

El expresidente Reagan también era aficionado al Golf y en cierta ocasión, jugando un partido amistoso mientras ocupaba la Casa Blanca, al preguntársele cuál era su handicap dijo: "El Congreso".

Estadistas de otros países también han sido o son grandes aficionados al asunto. El israelí Abba Eban concede a este deporte una importancia notable en la educación del carácter de las personas: "Jugando al Golf, he llegado a comprender qué es la humildad. He entendido también la futilidad del esfuerzo humano". Carlos Andrés Pérez también ha hecho declaraciones favorables sobre los beneficios de este deporte y de su validez para mejorar las relaciones internacionales en las distintas competiciones.

A lo largo de la Historia, reyes y políticos han expandido el Golf, pero esa expansión no hubiera sido posible sin un arraigo tan fuerte por parte de las distintas clases sociales como el que se observa cada vez en mayor número de países.

UNA GRAN INDUSTRIA

Si hasta el momento hemos conocido a grandes rasgos la historia del golf a través de las personas e instituciones que lo expandieron por todo el mundo, no podemos resistir la tentación de hacer lo propio a través de los elementos que se utilizan para el juego y que, de alguna manera, destapan datos que hacen comprender mejor el desarrollo de este deporte. Uno de esos elementos fundamentales es lógicamente la bola.

En la actualidad es una esfera cuya superficie está recubierta por alveolos formando uno de los diseños aerodinámicos más perfectos y sofisticados que se conocen. La bola tiene un diámetro de 4,27 centímetros —ésta es la más usada aunque el mínimo diámetro puede ser de 4,12 centímetros— y un peso no superior a los 45,9 gramos. Su velocidad de salida supera los 250 Km/h —el límite es 279 Km/h—, y antes de ser homologada pasa por un no menos sofisticado proceso que se ha convertido en una de las mayores industrias del mundo.

Lógicamente no fue tan perfecto el diseño en los albores de este deporte. Durante siglos la clásica bola era la de plumas. La cubierta eran

cantidad de plumas:
1 sombrero

Artefactos fabricación

BOLA DE PLUMAS

moldes

GUTTAPERCHA

HASKELL

LA EVOLUCIÓN DE LA BOLA

dos piezas de cuero cosidas a las que se les daba la vuelta para dejar las costuras en el interior mientras que quedaba un pequeño orificio por el que se introducían plumas hervidas ayudándose de un pequeño artefacto metálico para incrementar la presión. Existe un documento de 1618 por el que el rey James VI daba el monopolio de fabricación de estas bolas a un tal James Melvill durante veintiún años. En ese mismo documento se fijó un precio y la condición de que todas las bolas llevasen la marca real; de no hacerlo podían ser confiscadas. En esa época se fabricaban tres al día y algunos artesanos sufrieron problemas respiratorios con el manejo de las plumas. La distancia que se alcanzaba con aquellos proyectiles era de unos 165 metros en tiempo seco y 135 si había lluvia o humedad. No obstante, se dice que un tutor de la universidad de Saint Andrews, un suizo llamado Simon Messieux, alcanzó 320 metros de un golpe en un día de fortísimo viento.

Otro documento, de 1645, habla de la licencia que el consejo de Aberdeen otorga a John Dickson, de Leith, para fabricar este tipo de bolas. Y un paisano de Dickson, Douglas Gourlay, consiguió poco después tal perfección a la hora de elaborar los proyectiles que las bolas Gourlay se hicieron sumamente populares, empleándose su método durante cien años.

El relevo en cuanto a la calidad del producto lo recogió Allan Robertson, de Saint Andrews. El hombre que se convirtió en el primer jugador profesional de fama se dedicó a la fabricación de bolas en su tienda familiar. Su ayudante era el viejo Tom Morris, otro de los nombres míticos en los inicios de la gran competición. En 1840 fabricaron entre los dos 1.021 bolas. Cuatro años más tarde establecerían un record de 2.456 bolas fabricadas en un año. Hasta entonces el proceso era esencialmente el mismo, es decir, plumas en el interior y cubierta de cuero. El precio era elevado por tratarse prácticamente de un objeto artesanal y perder una, era todo un lujo.

La primera gran revolución en este campo sucedió en 1848, cuando un cura de Saint Andrews, el reverendo Robert Adam Paterson, recibió desde la India una estatua de mármol embalada en una caja que a su vez estaba cubierta por gutta percha, una sustancia elástica producida por el árbol del mismo nombre que es habitual en el sur de la India y en Malasia. El reverendo Paterson, que inevitablemente era amante del Golf, observó que con el calor esa sustancia se reblandecía y que podía ser moldeada para alcanzar la rigidez una vez dejada a enfriar. Paterson comenzó a experimentar con el material, moldeándolo e intentando que tuviera el mismo aspecto exterior que las bolas de pluma. Patentó el invento pero en sus inicios los resultados no eran demasiado vistosos y los jugadores se mostraron bastante reacios a utilizarla alegando que su vuelo no era tan perfecto como el de las bolas que se habían venido utilizando en los anteriores cuatrocientos años.

Era habitual en los inicios de la gutta percha que al finalizar un recorrido las bolas se pusieran en agua caliente y con las manos se repasaban y cerraban las "heridas" producidas durante el juego. Posteriormente la bola era marcada con la ayuda de un martillo que le producía una serie de endiduras aerodinámicas, y a partir de ese momento comenzó a imponerse sobre la bola de plumas. En el proceso de perfeccionamiento comenzaron a utilizarse moldes que agilizaron la elaboración a gran escala y los artesanos de la pluma, que fueron los grandes detractores de la gutta percha en sus inicios, al ver peligrar su trabajo, no tuvieron más remedio que rendirse ante la evidencia de una bola mucho mejor.

Durante más de medio siglo el invento del reverendo Paterson fue el que se impuso en todos los campos de golf. Incluso el viejo Tom Morris, que al principio había prometido no utilizar la nueva bola, no dudó en jugar con ella y además fabricarla y venderla en su tienda. Entre 1861 y 1867, Morris ganó cuatro veces el Open Británico usando la nueva bola.

Con el cambio de siglo se produjo otra revolución en este terreno: fue la invención de un nuevo tipo de bola que es la que ha venido utilizándose hasta el presente, con la lógica evolución. La conocida como bola Haskell nació en América, ideada por un dentista, el doctor Coburn Haskell, quien en 1899 experimentó con un núcleo central de caucho rodeado por hilo elástico con mucha presión, todo ello con una coraza de gutta percha. El invento se hizo popular en América al conseguir con esta bola el australiano Walter Travis, el Campeonato Amateur de Estados Unidos.

En el Reino Unido no gustó con Haskell en un principio, pero el detonante llegó en 1902, cuando en vísperas del Open Británico Alex Herd utilizó la bola en su último recorrido de prácticas. No le dio mal resultado y tras cruzar una apuesta con un compañero decidió jugar la Haskell en el Open. El resultado no pudo haber sido mejor porque Herd ganó el Británico. A partir de ese momento se universalizó este tipo de bola, que era más fácil de jugar que las anteriore,; ofrecía mejores prestaciones y causó una auténtica revolución porque hizo que rápidamente evolucionara el material de Golf y su industria de manera que este deporte fue más asequible a todo el mundo.

La Haskell introdujo los modernos alveolos aerodinámicos, que se utilizaron por primera vez en 1908 y que dan a la bola una trayectoria regular en su vuelo contra el rozamiento del aire. El reverendo de Saint Andrews, con la gutta percha, y el dentista de Cleveland puede

decirse que son auténticos responsables de la gran evolución y popularidad que conoce el golf. Antes de ellos una bola era un lujo y golpearla
con cierta habilidad todo un poema para los esforzados golfistas.

PALOS DE MADERA Y DE HIERRO

Un proceso mucho más sencillo fue el de uno de los accesorios más
habituales en este deporte: el "tee", esa pequeña peana que se clava
en el suelo a la salida de cada hoyo para colocar sobre él la bola. Para
golpear con las maderas es conveniente su utilización y antiguamente
al principio de cada hoyo había un cajón con arena o tierra, se hacía
un pequeño montículo y allí se colocaba el obús; en ocasiones se for-
maba un barrillo con agua e incluso se llegaban a preparar tees de barro
seco. En la última década del siglo pasado se fabricaron tees de goma,
al estilo de los que hoy en día se utilizan en los campos de prácticas.
Muy poco después, el doctor William Lowell, de New Jersey, creó lo
que hoy conocemos como tee. Inicialmente eran metálicos, de alambre
concretamente; posteriormente colocó en la parte superior del alambre
una peana de madera y finalmente adoptó la forma actual, bien de madera o de plástico.

No se tienen referencias exactas sobre los palos utilizados antes del
siglo XVI aunque se sabe que en aquella época los especialistas en la
fabricación de palos de golf no eran otros que los mismos artesanos que
elaboraban arcos y flechas. James IV de Escocia encargaba palos a uno
de estos especialistas en Perth. Un siglo más tarde, James VI nombraba
a William Mayne proveedor oficial de la corte para estos menesteres.
Mayne también construía arcos y flechas. A finales de ese siglo dos artesanos alcanzaron gran renombre en su labor en los artículos golfísti-
cos: Andrew Dickson, de Leith, y Henry Mill, de Saint Andrews.

De esta época se sabe que las varillas eran ahumadas de maderas
duras pero con cierta elasticidad. La cabeza del palo era también de madera y tenía un hueco, no profundo, en la parte posterior, al que se
le aplicaban láminas de plomo para adquirir el peso idóneo y el balance
adecuado. La unión entre la varilla y la cabeza se realizaba encolando
ambas piezas y cubriendo la zona con cordel muy apretado. Este tipo
de palo fue utilizado tradicionalmente hasta la mitad del siglo XIX y se
conservan muy pocos ejemplares en el mundo. Los más apreciados son
los que se exhiben en Troon y que fueron encontrados casualmente en
las obras de una casa de Hull, en 1889, sin que se haya podido desci-
frar el nombre del artesano que los elaboró. En Saint Andrews se expo-
nen también dos maderas y un putter de 1760, firmados por Simon Cos-
sar, uno de los más prestigiosos elaboradores de palos en la zona de
Edimburgo.

En aquellos años se sabe que cada jugador utilizaba de seis a siete palos de madera y uno de hierro por cabeza; el de hierro cumplía su misión para jugar desde los caminos pedregosos. La primera gran revolución en este terreno vino provocada por la utilización de la bola de gutta percha a mediados del siglo pasado. Fue entonces cuando la dureza de la nueva bola exigió una mayor firmeza de la cara del palo. Al principio se utilizaron las maderas de los frutales más duros pero inmediatamente después llegaron las cabezas de hierro con inclinación regulable.

A principios del siglo XX comenzó a experimentarse con varillas de acero, pero Saint Andrews las prohibió hasta 1929 sin otro motivo aparente que el respeto a la tradición. En 1934 la U.S.G.A. aprobó su uso y en el Reino Unido también se consintió. Las varillas de acero son las más utilizadas aún en nuestros días, aunque en los últimos años otros materiales como el grafito y la fibra de cárbono, también se están introduciendo en la industria. Si la bola de gutta percha introdujo las cabezas de hierro, puede decirse que la Haskell hizo lo propio con las varillas de acero y también con las estrías que existen en la cara del palo.

Uno de los grandes misterios que nadie ha resuelto en lo que respecta a la historia del material golfístico es el de la bolsa. Ésta no se utilizó hasta 1880. Antes de esta fecha los practicantes cargaban con los palos sueltos por todo el campo, bien ellos personalmente o su ayudante. Es un dato ciertamente misterioso porque en otras actividades en las que se manejaban diversos utensilios se usaba algún tipo de contenedor como la vaina para la espada o el carcaj para las flechas. Hoy en día sería ilógico no llevar una bolsa siendo el número máximo de palos permitidos en un torneo el de 14. Hasta que no se dictó esta norma era habitual ver a jugadores con más de veinte palos. Y sin bolsa.

EL HECHIZO DEL GRAN SLAM

No cabe la menor duda de que la popularidad alcanzada por el golf a lo largo de la historia se debe en buena parte a las grandes competiciones, que han permitido a los aficionados ver en acción a las estrellas y posteriormente tratar de emularlas cualquier fin de semana en cualquier rincón del mundo. Un jugador norteamericano de la actualidad dice que hay varias clases de golfistas: los que luchan por sobrevivir en cualquier circuito, los que son fijos de un circuito pero nunca ganan nada, los que de vez en cuando —aunque sea una sola vez— han conocido el triunfo, los que han ganado en varias ocasiones y los virtuosos, es decir los que han saboreado el éxito en un torneo del Gran Slam. Estos son una élite a lo largo de la historia y son los grandes héroes del golf, porque triunfar en uno de los grandes es algo que solamente pueden conseguir cuatro hombres cada año.

En la actualidad el Gran Slam está compuesto por cuatros torneos: Open Británico, Open de Estados Unidos, Campeonato de la P.G.A. (Professional Golf Association, de Estados Unidos) y Masters, por orden de antigüedad. El ganador de cualquiera de ellos se hace con un honorable hueco en la historia dado que en los cuatro grandes participan los mejores golfistas del mundo, entregándose a tope para alcanzar la gloria. Ganar uno de estos torneos significa algo mucho más importante que la obtención del no menos importante premio en metálico previsto: significa ese hueco en la historia que además va acompañado por una serie de contratos que se estima pueden reportar al agraciado una cantidad superior a los mil quinientos millones de pesetas en los cinco años siguientes a la consecución del triunfo. El premio del torneo no es más que la punta de un tremendo iceberg, aunque a la hora de disputar el campeonato en la mente de los participantes sólo hay espacio para la gloria postrera.

A lo largo de la historia tan sólo cuatro jugadores han conseguido triunfar en los cuatro grandes: Gene Sarazen, Ben Hogan, Jack Nicklaus y Arnold Palmer. Sin embargo, nadie ha logrado todavía ganarlos todos en el mismo año. Probablemente quien más se ha acercado a esa posibilidad en los últimos tiempos ha sido el australiano Greg Norman,

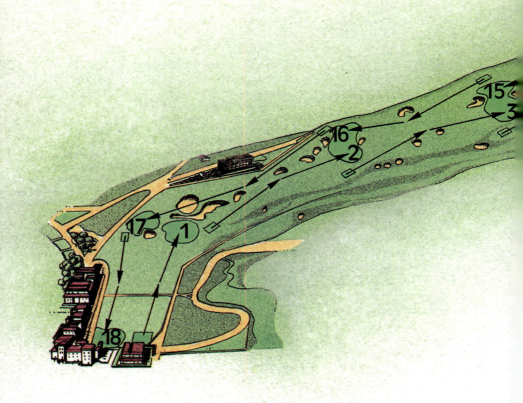

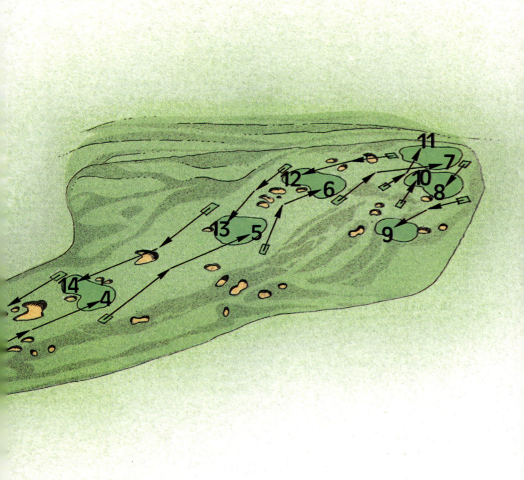

CAMPO DE GOLF DE
ST. ANDREWS, ESCOCIA

que en 1986 se alzó con el triunfo en el Open Británico habiendo sido líder en la última jornada de los otros tres; sin embargo, se quedó a las puertas y desde entonces no ha vuelto a ganar ninguno de los grandes.

El más antiguo de los torneos del Gran Slam es el Open Británico, que probablemente sea el más apreciado y anhelado por las grandes figuras dadas las enormes dificultades que encierra cada una de sus ediciones. El Open —así se le llamaba cuando era el único gran torneo y se le sigue llamando en el Reino Unido— se disputa siempre en campos que están junto al mar, con calles estrechas, "rough" casi imposible, "greens" rapidísimos y en unas condiciones meteorológicas tremendamente variables a lo largo de cada jornada que llegan a convertirse en una pesadilla para los participantes. Junto a él, y en lo que se refiere al prestigio de alcanzar el triunfo, está el Masters, el único que se disputa cada año en el mismo campo, el Augusta National. Una chaqueta verde de Augusta es el sueño dorado de cualquier profesional de este deporte. Identifica al ganador de ese reputado torneo.

El Open Británico nació en la costa occidental de Escocia, Prestwick Golf Club, J.O. Fairlie, que el 17 de octubre de 1860 reunió en su campo a ocho profesionales que se disputaron el torneo a tres rondas de doce hoyos, los que entonces tenía el campo. Para ser correctos, el primer Open no debiera haber sido ese, ya que en aquella primera ocasión fue un torneo restringido para los ocho profesionales —Willie Park fue el ganador—; sin embargo así se acepta ya que inmediatamente se corrigió esa circunstancia y la edición del año siguiente se "abrió" para toda clase de participantes, profesionales o aficionados.

El trofeo original consistía en un cinturón que era entregado por el conde de Eglington. Se estableció que el jugador que ganase el Open tres años consecutivos se quedaría con el cinturón en propiedad y eso hizo nada más y nada menos Tom Morris hijo con sus triunfos de 1868, 1869 y 1870. La hazaña de aquel gran jugador "mató" el Open Británico, que se quedó sin el gran gancho que suponía el codiciado premio. Al año siguiente no hubo competición porque nadie se puso de acuerdo en cómo resolver el problema del cinturón. En 1872, el Royal and Ancient Golf Club of Saint Andrews y la Honourable Company of Edimburg Golfers decidieron renovar la competición proponiendo a Prestwick participar en los gastos para la creación de otro trofeo para el campeón del Open. La solución fue una jarra de plata que el ganador conservaría hasta la edición del año siguiente. La de 1871 fue la única interrupción del Open Británico al margen de las dos posteriores debidas a las guerras mundiales. En 1872, no obstante, Tom Morris hijo conquistó la primera jarra en su cuarto Open consecutivo. De cualquier forma, el trofeo original se decidió que fuera conservado en uno de los clubs y al campeón se le obsequiaba con una réplica del mismo. También se acordó en aquel entonces que la competición se disputara alternativamente en los tres clubs y así se hizo hasta 1892, cuando la Honourable Company se trasladó de su viejo emplazamiento en Musselburgh al nuevo campo de Muirfield, correspondiéndole aquel año la organización del Open. Dos años más tarde el éxito de la competición era tan grande que otros clubs se ofrecieron para entrar en la rueda de escenarios y el Royal St. George's de Sandwich tuvo el honor de ser el primer club inglés sede del Open Británico. Tres años después, Hoylake, el campo del Royal Liverpool Golf Club, se sumó a la rueda en un torneo glorioso para el club anfitrión, ya que el ganador fue uno de sus socios, Harold Hilton, jugador amateur que ya había ganado en Muirfield en 1892 pero que no había sido el primer aficionado en hacerse con el preciado galardón. El primer amateur campeón del Open fue otro socio del Royal Liverpool, John Ball, que en 1890 tuvo además el privilegio de erigirse en el primer inglés que conseguía tamaña gloria.

Después de estos dos jugadores tan sólo otro amateur más ha salido victorioso en el Open Británico: el norteamericano Bobby Jones, sin duda alguna el mejor amateur de todos los tiempos. Los éxitos de Jones vendrían mucho más tarde, concretamente en 1926, 1927 y 1930. El primer extranjero en conseguir la jarra de plata fue el francés Arnaud Massy, quien en 1907 se impuso en Hoylake con un total de 312 golpes, dos menos que el segundo clasificado, J.H. Taylor. En 1921, Jock Hutchison fue el primer americano en ganar el Open tras disputar un play-off con Roger Whetered. Hutchison, no obstante, había nacido en Escocia aunque emigró al nuevo continente en su infancia.

El cuadro de escenarios se fue incrementando con el paso de los años y a esa rueda de campos escogidos se incorporaron posteriormente Deal, Troon, Royal Lytham and St. Annes, Carnoustie, Prince's Sandwich, Royal Portrush y Royal Birkdale. El escenario original de Prestwick ya no alberga el gran acontecimiento dadas sus escasas dimensiones, que lo han convertido en obsoleto para una competición tan importante como la que ha alcanzado a ser el Open con el paso de los años.

En la actualidad, los escenarios son siete, todos ellos con la obligada condición de encontrarse junto al mar: Royal Lytham and St. Annes, Muirfield, Turnberry, Royal St. George's, Saint Andrews, Royal Birkdale y Royal Troon. Estos campos se van alternando la organización.

En los cuatro días de competición puede verse en cualquiera de las ediciones a los mejores jugadores del mundo y también a una serie de golfistas desconocidos que han tenido acceso a esa fase final después de haber disputado diversos torneos clasificatorios en distintos campos del Reino Unido. Todo el mundo puede tomar parte en el Open. De

CAMPO DE GOLF DE
AUGUSTA, GEORGIA

hecho suele haber cerca de dos mil candidatos cada año, pero solamente los escogidos llegan a esa ansiada fase final y normalmente son los "monstruos" quienes pugnan por el triunfo.

Las últimas décadas son un ejemplo de la tremenda selectividad de este torneo abierto a la hora de proclamar a un vencedor. Los nombres de Player, Palmer, Nicklaus, Watson o Ballesteros son los que copan los puestos de honor en la segunda mitad de este siglo, siendo además los jugadores que han conseguido triunfar también en otros torneos de Gran Slam. Seis de los triunfos de los últimos diez años han sido acaparados por dos hombres: Watson y Ballesteros, tres veces cada uno. Mientras Tom Watson parece haber pasado al equipo de los "outsiders" tras su derrota ante Ballesteros en el penúltimo hoyo de la edición 1984, el jugador cántabro es el hombre a quien mejor le sienta esta competición. Es el más admirado por todos los aficionados de las islas y el más temido por todos sus rivales. En cualquier momento puede imponerse en un torneo que exija una calidad por encima de lo normal, una calidad de virtuoso.

Al margen de lo que es la competición, el Open Británico es un verdadero hito social en Gran Bretaña. Es uno de los grandes acontecimientos deportivos del año y es seguido por más de cien mil espectadores que se desplazan para verlo 'in situ". Normalmente los escenarios no tienen la suficiente infraestructura hotelera para albergar a tantos visitantes de todo el mundo y es habitual ver numerosos aficionados que pasan la gran semana en tiendas de campaña o "roulottes" en las cercanías del campo. Llegan de todos los rincones del mundo para vibrar con la actuación de sus héroes y con un ambiente golfístico de entendidos en el que las largas discusiones enlazan una jornada con la otra. Para los visitantes el campo tiene innumerables tiendas de hospitalidad en las que descansar, reponer fuerzas, comer, beber o comprar todo tipo de material golfístico tanto para la práctica como antigüedades, libros, vídeos, etcétera.

El sabor del Open Británico es inigualable y la actitud del público es digna de admirar por su elevadísimo grado de conocimiento de este deporte.

UN TORNEO CON 7.000 JUGADORES

Cronológicamente el segundo de los grandes torneos en aparecer en escena fue el Open de Estados Unidos, que se disputó por vez primera en Newport, Rhode Island, en 1895, al día siguiente de celebrarse en el mismo campo el Campeonato Amateur de Estados Unidos. La primera edición fue ganada por Horace Rawlins, joven emigrante inglés que trabajaba en el club sede como ayudante de profesional y que registró una tarjeta de 173 golpes después de hacer los cuatro recorridos al campo de nueve hoyos. En los inicios de esta competición los grandes protagonistas fueron siempre los jugadores británicos, que habían encontrado en Estados Unidos un campo de acción con tremendas posibilidades para imponer su deporte. De hecho el primer golfista nacido en América que conquistó el torneo fue John McDermott, y su éxito no llegó hasta 1911, tras un desempate, disputado en Chicago frente a Mike Brady y George Simpson. McDermott repitió la hazaña al año siguiente imponiéndose también en el desempate aunque en esta ocasión ante otro nativo, Thomas McNamara, que había entregado una tarjeta con 69 golpes en la última ronda. McNamara ya había registrado igual número de golpes en 1909, convirtiéndose en el primer hombre que bajaba de los 70 en el Open USA.

McDermott fue todo un símbolo para los americanos, no solamente por haber sido el primer jugador nacional en conquistar el triunfo en la prueba reina de su país, sino por su particular obsesión de ser él quien acabase con el abrumador dominio de escoceses e ingleses en cualquier torneo que se disputase en Estados Unidos. Finalmente tuvo que retirarse en 1915 debido a una enfermedad mental producida por esa misma obsesión. Sin embargo, el dominio de los británicos se mantuvo hasta el triunfo de Ted Ray en 1920. Luego tuvieron que pasar veinte años para que otro inglés, Tony Jacklin —actual capitán no jugador del equipo europeo de la Ryder Cup— se alzara con el título de campeón del abierto norteamericano. Jacklin obtuvo además una brillante victoria al concluir sus cuatro rondas por debajo del par, algo que nadie había hecho desde que lo consiguiera Jim Barnes en 1921. Por si fuera poco, Jacklin sacó una diferencia incontestable de siete golpes respecto al segundo clasificado.

En la historia de esta competición tan sólo se registra el triunfo de cinco jugadores amateurs. Francis Quimet lo consiguió en 1913, Jerome Travers en 1915, Charles Evans en 1916, Johnny Goodman en 1933 y Bobby Jones lo obtuvo nada más y nada menos que en cuatro ocasiones, récord de éxitos que comparte con Willie Anderson, Ben Hogan y Jack Nicklaus. De ellos, Anderson tiene además el récord de haberlo ganado más veces consecutivamente, ya que lo hizo en tres ocasiones, desde 1903 hasta 1905.

Entre los hitos más destacables de la historia de esta competición hay que resaltar el sensacional triunfo de Francis Quimet, en 1913, en el Country Club de Broockline, a las afueras de Boston. Quimet era un aficionado que vivía a pocos metros del hoyo 17 del club y se apuntó al torneo sin mayores aspiraciones que las de complacer a sus vecinos y amigos, que querían tener un jugador del pueblo entre los destacados

profesionales británicos que acudieron a la competición. Francis Quimet terminó la última ronda empatado con dos auténticos monstruos del golf: Harry Vardon y J.H. Taylor. El desempate fue dramático y no se decidió hasta el penúltimo hoyo, cuando Vardon cayó a un "bunker" —que hoy en día lleva su nombre— haciendo que Quimet llegara victorioso al hoyo dieciocho.

La edición de 1930, disputada en Interlachen, también pasará a la historia porque supuso el cuarto triunfo de Bobby Jones y sobre todo porque le concedía lo que entoces era el Gran Slam, ya que el mismo año ganó el Open Británico y también los campeonatos amateurs de Estados Unidos y de Gran Bretaña. Nadie, aparte de Jones, ha conseguido esos cuatro títulos y él lo hizo en el mismo año.

En 1965 se produjo otro hecho inaudito en el Open de los Estados Unidos: un desempate entre dos jugadores que no eran ni americanos ni británicos. Los protagonistas fueron el surafricano Gary Player y el australiano David Graham, que ganó la edición de 1981. De cualquier forma, dada la enorme calidad del golf europeo de los últimos años, en cualquier momento puede truncarse la habitual racha de triunfos americanos en su abierto. En 1988, el inglés Nick Faldo estuvo a punto de romperla al llegar al play-off con Curtis Strange, que acabó imponiéndose al final de los dieciocho hoyos en los que está establecido el desempate de esta competición.

Probablemente el Open de Estados Unidos sea la prueba más "abierta" de cuantas se disputan en el mundo. La cifra de participantes ronda los siete mil cada año. Siete mil golfistas de toda condición que pasan una tremenda criba de fases selectivas en las semanas previas a la fase final en distintos campos de Estados Unidos para intentar ganar una plaza junto a los consagrados. El nivel popular de este torneo no es superado por ningún otro, pero esta circunstancia hace que su ámbito se limite prácticamente a Estados Unidos, ya que son poquísimas las posibilidades —sin pasar por las fases de clasificación— que tienen los jugadores extranjeros de tomar parte en el mismo. Mientras el Open Británico admite a los veinticinco primeros clasificados del "ranking" norteamericano, el abierto estadounidense tan sólo invita a los dos primeros de la Orden de Mérito Europa. De ahí que los triunfos extranjeros sean tan escasos en los últimos años; es como si los organizadores quisieran cumplir con su normativa el viejo sueño de John McDermott. En este aspecto puede asegurarse que el Open de Estados Unidos es el más "cerrado" de todos los abiertos que se disputan.

La representación europea, a tenor de estas circunstancias, es más que reducida, limitándose a las grandes figuras, ya que un buen puñado de profesionales del viejo continente que podría plantar cara a los americanos en la lucha por el triunfo renuncia a tener que desplazarse para pasar por el filtro de las clasificaciones sin que le reporte ningún beneficio y sí la pérdida de varias semanas de competición en su circuito de origen.

Otra de las características de este torneo es la disparidad de escenarios que lo albergan. Hasta el momento se ha disputado en cincuenta campos distintos. Estos son habitualmente preparados por los oficiales de la USGA (United States Golf Association), de manera que tengan el mayor grado de dificultad posible en cada palmo de terreno. Se ha llegado a decir que cada año la USGA pretende humillar a los jugadores con campos poco habituales en el estado normal en el que son preparados para el resto de torneos de cualquier circuito. También aquí, al igual que en el Británico, la elite sale beneficiada aunque se cuida muy bien que esa elite sea americana.

El populismo que se da en cuanto al número de candidatos a estar entre los ciento cincuenta finalistas también se observa en lo referente al público asistente. El número de espectadores es similar o superior al del Británico pero la gran diferencia radica primordialmente en la mayor expresividad de los americanos a la hora de manifestar sus reacciones ante el juego. Es habitual escuchar gritos intempestivos y en ocasiones se producen auténticos jolgorios que a veces poco tienen que ver con el desarrollo del juego.

El Open de Estados Unidos probablemente espera alcanzar su punto culminante dentro de once años, cuando se celebre la edición número 100, que conocerá, además, al primer campeón del siglo XXI.

Siguiendo la cronología del Gran Slam, el tercero de los grandes en saltar a la palestra fue el Campeonato de la P.G.A., que se celebró por vez primera en 1916 en Siwanoy Country Club de Nueva York. Este torneo fue el primero que organizó la PGA al poco de constituirse y pierde la condición de abierto al estar reservado estrictamente para profesionales. El primer ganador fue Jim Barnes, quien, debido a la obligada suspensión por la Primera Guerra Mundial, tuvo que esperar tres años para revalidar el título. Su sucesor, ya en 1920, fue otro inglés, Jock Hutchison, y al año siguiente el triunfo se quedó en Estados Unidos gracias al éxito de Walter Hagen.

Este triunfo de Hagen no fue sino el comienzo de una racha gloriosa en la que conquistó el campeonato en cinco ocasiones en el espacio de siete años; cuatro de esos triunfos —desde 1924— fueron consecutivos. Walter Hagen era un gran competidor al que le venía como anillo al dedo la fórmula de "match-play" bajo la que disputaba esta competición. Como el ganador retenía la copa hasta la siguiente edición, cuando le preguntaron a Hagen, ya en 1928, qué había sido de la copa, dijo que la última vez que la había visto era en un taxi, creía recordar que en 1925. Bromas aparte, el trofeo apareció cuando tuvo que cedérselo a su sucesor, Leo Diegel.

En la época del "match-play" todos los grandes jugadores del momento obtuvieron el triunfo en varias ocasiones, siendo para ellos todo un reto en el que medían sus fuerzas cara a cara con sus rivales. Gene Sarazen y Sam Snead ganaron la PGA en tres ocasiones cada uno. Hogan y Byron Nelson en dos. El único "monstruo" de la época que no lo obtuvo fue Bobby Jones, ya que su condición de amateur le impedía tomar parte en este torneo exclusivamente reservado a los profesionales. Para éstos tenía una importacia excepcional, pues además de la fórmula de juego tenía el aliciente de que el ganador estaba exento para cualquier torneo del circuito sin tener que pasar por las fases previas. Igualmente el torneo estaba —y aún lo está hoy en día— enfocado para conceder más posibilidades a los profesionales que habitualmente no compiten en el circuito, sino que están más bien dedicados a impartir lecciones en los distintos clubs.

Si el "match-play" era un tremendo aliciente para los jugadores, el paso de los años y el desarrollo de los nuevos medios de comunicación hizo que se produjera el cambio radical de formato y se pasara a disputar en la modalidad de golpes. El cambio se produjo en 1958 por exigencias de la televisión, que en aquella época no disponía de los recursos suficientes como para cubrir los nueve hoyos que asegurasen la retrasmisión de un partido con desenlace rápido.

Gary Player fue el primer extranjero en ganar el torneo con su nuevo formato: obtuvo el triunfo en 1962. Otro hito importante fue la victoria de Jack Nicklaus en 1971, que era su segunda y le convirtió en el primer golfista del mundo que había ganado los cuatros torneos del Gran Slam en dos ocasiones cada uno. Nicklaus ganaría la PGA tres veces más. Dos años más tarde, con su tercer triunfo en esta competición, el "Oso dorado" batió el récord de Bobby Jones, que había obtenido 13 títulos de Gran Slam. Finalmente, en 1980, en Oak Hills, Nueva York, Jack Nicklaus logró su quinto PGA, igualando el récord de victorias que tenía Walter Hagen desde 1927.

Uno de los torneos más sonados en los últimos años fue el celebrado en Shoal Creek, Alabama, en 1984, cuando se alzó con el triunfo Lee Trevino, que entonces contaba con 44 años. Trevino jugó las cuatro vueltas por debajo de los 70 golpes y se impuso a otro histórico, Gary Player, que tenía 59 años y que había entregado una tarjeta de 63 golpes, la más baja que se ha registrado en esta competición, que únicamente tenía el antecedente de Bruce Crampton en 1975.

En las últimas décadas, el Campeonato de la PGA se celebra en unas

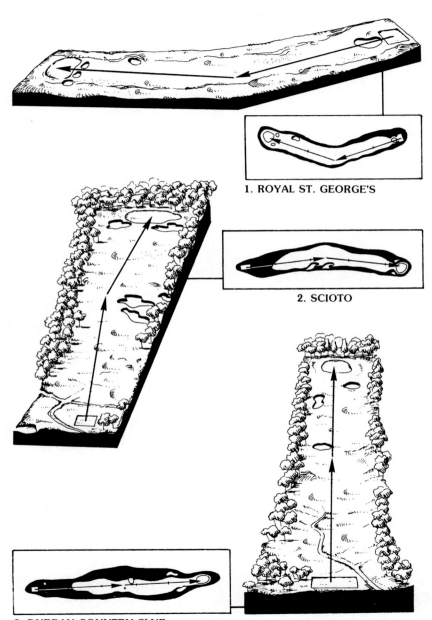

1. ROYAL ST. GEORGE'S

2. SCIOTO

3. DURBAN COUNTRY CLUB

LOS 18 HOYOS MÁS DIFÍCILES DEL MUNDO

1 **Royal St. George's:
354 metros, par 4**

Es un hoyo largo para ser un par 4. El "drive" no es demasiado complicado. La mayor dificultad estriba en la realización del segundo golpe, ya que la calle tiene numerosos desniveles y hay que jugar un hierro medio. El campo está situado junto al mar y el viento se erige en uno de los principales adversarios de los jugadores.

2 **Scioto: 393 metros,
par 4**

Es un campo famoso por haber jugado mucho en su juventud Jack Nicklaus, que nació muy cerca del mismo, también en el estadio de Ohio. Es un larguísimo par 4 que ya es difícil desde la salida, pues el "tee" está elevado. Aunque se consiga una posición buena en la calle, con el segundo golpe no se alcanza a ver el "green". Si se quiere ganar mucho terreno se corre el peligro de caer a la izquierda y tener problemas en el segundo golpe. Este hoyo decidió el play-off del campeonato de la PGA de 1928.

3 **Durban Country Club:
456 metros, par 5**

Un típico hoy de un campo sudáfricano. El primer golpe es complicado por la hierba, que frena la bola y le impide ganar distancia. Es arriesgado intentar alcanzar el "green" con el segundo, ya que a la izquierda hay una zona de matorrales impracticable. El golpe de aproximación ha de ser de mucha precisión, puesto que hay muchas ondulaciones y el "green" está bien protegido.

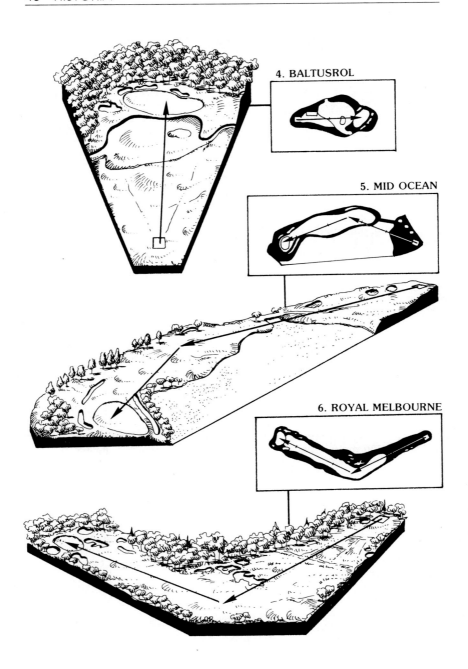

4. BALTUSROL

5. MID OCEAN

6. ROYAL MELBOURNE

LOS 18 HOYOS MÁS DIFÍCILES DEL MUNDO

4 **Baltusrol,**
176 metros, par 3

El principal problema de este hoyo es de orden psicológico. El "green" aparece desde el "tee" (es un par 3) como si fuera una isla, con un lago frontal que complica las cosas. La zona de colocación de la bandera puede ser un factor decisivo: la de la derecha es la más difícil porque es la más estrecha y se ve afectada en mayor medida por el agua.

5 **Mid Ocean,**
390 metros, par 4

Un par 4 largo en el que también el agua juega un papel trascendental. Hay que atravesarla con el primer golpe. Queda en la zona izquierda de la calle y también en las proximidades del "green". Un hierro medio es lo más aconsejable en el segundo golpe. Para un profesional ya es un gran éxito hacer el par en este campo.

6 **Royal Melbourne,**
376 metros, par 4

El Royal Melbourne, escenario de la Copa del mundo del año 1988, es uno de los mejores del mundo. En este hoyo el "tee" está en una zona elevada y la calle, a un nivel inferior, a mucha distancia. Hace una curva a la derecha y es preciso dar un gran golpe de salida si se quiere salvar obstáculos como los matorrales o la arena, frecuente en cualquier rincón. El "green" es amplio, con desniveles muy pronunciados.

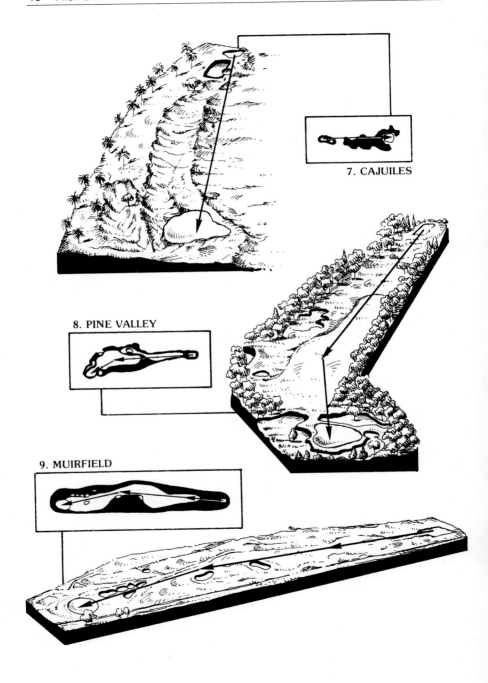

7. CAJUILES

8. PINE VALLEY

9. MUIRFIELD

LOS 18 HOYOS MÁS DIFÍCILES DEL MUNDO

7 **Cajuiles, 176 metros, par 3**

Un par 3 muy corto éste de uno de los campos más distinguidos de la República Dominicana. Tiene una apariencia impresionante, ya que está colocado junto al mar. Engaña la distancia del hoyo, de ahí que la elección del hierro se considere fundamental. Normalmente hay que elegir dos palos menos de lo que se supone habría que jugar. Es una joya arquitectónica del golf universal.

8 **Pine Valley, 295 metros, par 4**

Un par 4 corto en el que el primer golpe es normalmente bueno. La calle se encuentra cuesta abajo. El segundo es de aproximación, pero es precisamente este detalle el que le confiere dificultad, puesto que requiere precisión y temple. El margen de error es mínimo. En la Walker Cup, una especie de Ryder que disputan los equipos amateurs de Inglaterra y Estados Unidos, un jugador precisó de 16 golpes pese a haber dado un buen golpe de salida.

9 **Muirfield, 445 metros, par 5**

Una gran prueba de control y de firmeza es este par 5 para todos los jugadores. El viento es un factor decisivo por los cambios que hace (el campo está diseñado en espiral). La calle es muy estrecha, entre "bunkers" y algún "raf". Una auténtica pesadilla que requiere habilidad y precisión al mismo tiempo. Nick Faldo ganó en este campo su último Open Británico.

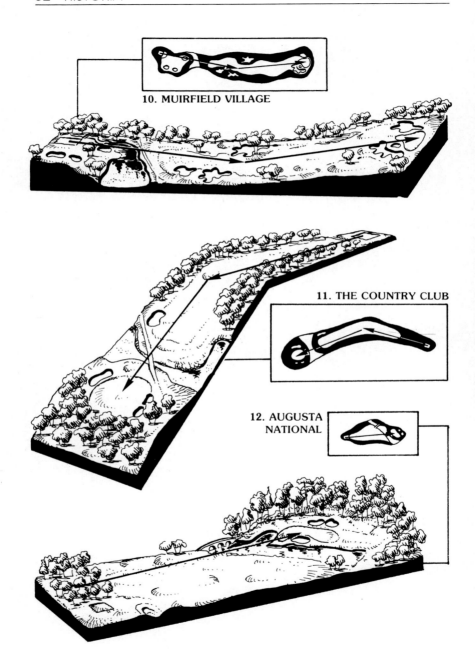

10. MUIRFIELD VILLAGE

11. THE COUNTRY CLUB

**12. AUGUSTA
NATIONAL**

LOS 18 HOYOS MÁS DIFÍCILES DEL MUNDO

10 **Muirfield Village, 397 metros, par 4**

Diseñado por Jack Nicklaus, está considerado el gran campo de la vida de este inimitable jugador. Es allí donde Europa se impuso por vez primera a Estados Unidos en la Ryder Cup. Un campo inspirado en el inglés de Muirfield, donde Jack Nicklaus venció precisamente por vez primera en el Open Británico. El "tee" está elevado y con el primer golpe hay que superar una zona de bosques. El segundo es muy complicado pues el "green" está muy alto y no se ve bien la posición de la bandera. El "green" es pequeño y está muy bien protegido.

11 **The Country Club, 401 metros, par 4**

Está en Boston y fue escenario del Open Usa de 1988, sentenciado con victoria de Curtis Stranger sobre Nick Faldo tras un play-off muy emocionante. Un par 4 largo con salida estrecha y rodeada de bosques de árboles altos. Hay que asegurar y tirar con efecto de derecha a izquierda pues la calle hace curva. Muchos jugadores prefieren un hierro largo a una madera para asegurar calle, ya que de lo contrario el segundo golpe es imposible. El "green" se halla tras un obstáculo de agua.

12 **Augusta National, 140 metros, par 3**

Un hoyo psicológico, en el centro del famoso Amen Corner. Hay remolinos de viento que hacen que varíe la situación en minutos. Puede haber cuatro palos de diferencia en segundos. El "green" está protegido por el agua y los "bunkers" y es estrecho frontalmente. La posición más difícil de la bandera es la derecha, que es la que se selecciona para el último día del torneo.

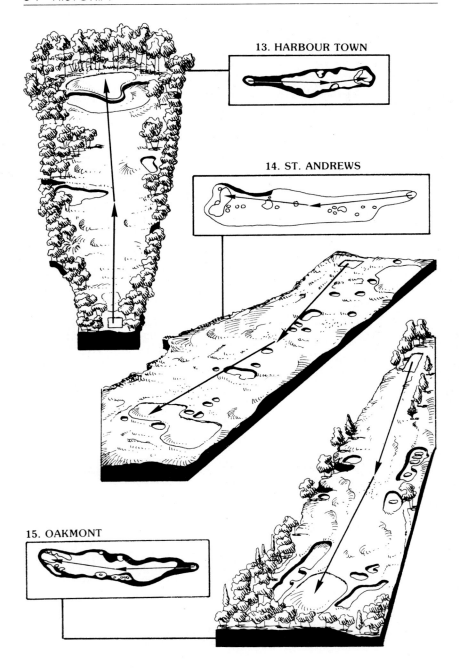

13. HARBOUR TOWN

14. ST. ANDREWS

15. OAKMONT

LOS 18 HOYOS MÁS DIFÍCILES DEL MUNDO

13 Harbour Town,
322 metros, par 4

Un "bunker" en el centro de la calle hace que el primer golpe de este hoyo sea de habilidad. Queda poco margen porque hay un bosque junto a ese "bunker". Si el jugador se va a la izquierda encuentra robles que impiden el acceso al "green" con el segundo golpe. Lo normal es jugar una madera 3. El "green" está protegido por un enorme "bunker" que tapa toda la entrada.

14 St. Andrews,
510 metros, par 5

El par 5 por excelencia. Ya hay problemas de viento en el mismísimo "tee". Si viene del mar la situación se agrava, ya que en la derecha hay un fuera de límites, y aún y todo es la zona más tranquila. Otra zona de caída tiene una colonia de "bunkers". Una vez superados estos obstáculos (los "beardies") se puede alcanzar el paraíso (los "Campos Elíseos"). Hay otra zona de "bunkers" (uno es conocido por el "infierno") y después ya se puede alcanzar el "green" con el tercer golpe. El "green" es amplio, pese a lo cual hacer el par en este hoyo es siempre una hazaña.

15 Oakmont,
408 metros, par 4

Otro hoyo en el que las dificultades comienzan desde el principio: "bunker" alargado a la izquierda y "bunker" y árboles a la derecha. La zona de caída de este par 4 es muy estrecha. El segundo golpe es cuesta abajo. El "green", alargado frontalmente, está protegido por "bunkers" a ambos lados. A su espalda hay un bosque para completar el panorama. Johnny Miller hizo el "birdie" más famoso de este hoyo en 1973.

16. CARNOUSTIE

17. ST. ANDREWS

18. PEBBLE BEACH

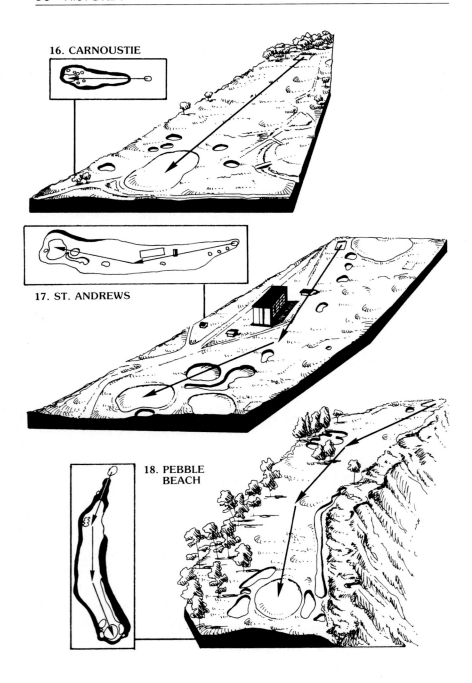

LOS 18 HOYOS MÁS DIFÍCILES DEL MUNDO

16 Carnoustie,
212 metros, par 3

Un par 3 muy largo, de más de 200 metros que exige fundamentalmente habilidad. Un campo muy británico con enormes "bunkers" y acentuados desniveles. El "green" de este hoyo está en una zona elevada. Si no se alcanza, la bola va a distintos "bunkers", todos ellos difíciles. En el Open Británico del 1968 Niclaus tuvo que jugar allí un "drive". Y más curioso: Tom Watson ganó el mismo torneo en 1975 sin hacer el par en ninguno de sus cincos recorridos: los cuatro protocolarios y el del play-off.

17 St. Andrews,
338 metros, par 4

El famosísimo hoyo del camino empieza con un golpe a ciegas que se ha de dar por encima del edificio del club. Las bolas pasan junto a las paredes. A la derecha hay un fuera de límites y a la izquierda un "raf". El "bunker" queda tapando el "green". La gran decisión está en el segundo golpe. Se puede llegar a "green" si se ha dado un buen golpe, pero tras aquél hay un camino. Quedarse corto es ir al "bunker", que tiene una altura más que respetable. En este hoyo se decidió el Open Británico que ganó Severiano Ballesteros en 1984: Tom Watson se pasó y se fue al camino.

18 Pebble Beach,
486 metros, par 5

Un hoyo espeluznante, con el Pacífico a la izquierda. La calle hace curva de derecha a izquierda y el "green" está prácticamente colgado del mar (del acantilado le separa un "bunker") y protegido por "bunkers" a la derecha. Un gran control y grandes dosis de coraje son las virtudes principales a la hora de afrontar este hoyo.

condiciones climatológicas muy criticadas por los jugadores. El calendario lo sitúa en el mes de agosto y los campos elegidos no son precisamente los que se encuentran en las zonas más frescas de Estados Unidos. Es habitual que se disputen rondas completas con temperaturas por encima de los treinta y cinco grados, circunstancia ésta que origina una serie de molestias a los jugadores, que deben tomar toda clase de precauciones para que el sudor no empape sus manos o pegue sus ropas al cuerpo. Las críticas en este sentido han arreciado en los últimos años, existiendo diversas propuestas para que el torneo se lleve más al norte y a la costa oeste, menos árida; incluso a Canadá.

Las propuestas no solamente van encaminadas a contrarrestar las condiciones meteorológicas, sino también a revitalizar un torneo que ha perdido muchos adeptos entre los aficionados. Incluso se especula con la posibilidad de volver al antiguo formato de "matchplay" como ingrediente revitalizador y complemento al resto de torneos del Gran Slam, que se disputan bajo la modalidad de cómputo de golpes.

LA CHAQUETA VERDE

El Masters es el más reciente de los torneos que configuran el Gran Slam. Data de 1934 y desde entonces ha logrado convertirse en el más codiciado de cuantos golfistas llegan a tomar parte en los grandes acontecimientos. Varias circunstancias le han hecho convertido en una competición singular y diferente respecto a las otras tres. Por un lado está el hecho de celebrarse siempre en el mismo campo; por otro, el que se accede a él por estricta invitación para las ochenta plazas —prácticamente la mitad de jugadores que en el resto de competiciones- y finalmente porque el Masters es el Masters.

Vayamos por partes. El factor campo es determinante y nació en la mente de Bobby Jones, que deseaba construir "algo diferente" a lo que normalmente se encontraba en cualquier club del mundo. Una vez retirado de la competición, Jones adquirió a precio de ganga —era 1930 y Estados Unidos estaba sumido en la Gran Depresión— unos terrenos de 365 acres en Augusta. Los terrenos hasta entonces recibían el nombre de Fruitlands y en ellos había existido una antigua plantación que había pertenecido a un noble belga, el barón Berkmans. El sitio ofrecía en su orografía y en su vegetación las condiciones ideales para un campo de ensueño.

Jones compró los terrenos junto a unos amigos y en 1931 comenzó la construcción del campo junto al prestigioso arquitecto escocés Alister McKenzie. Al mismo tiempo, y para evitar la especulación sobre los terrenos y su posible urbanización, se creó el club de golf, de manera que las acciones, muy limitadas en número, fueron distribuidas por distintos estados. La intención fue también que el campo fuera el mejor de cuantos había en Estados Unidos y que los jugadores tuvieran en Augusta ese campo soñado en el que jugar en ocasiones importantes. En el diseño no se quiso en ningún momento imitar a ningún otro hoyo existente en el mundo. Fue un diseño exclusivo y personal atendiendo a las características propias del terreno.

Augusta es un campo largo con unos desniveles de terreno muy pronunciados y en el que la ausencia de "rough" delata las dificultades que encierra cada hoyo sin necesidad de encontrarse con ese obstáculo prácticamente imprescindible en cualquier otro campo. Un pequeño riachuelo, el Rae's Creek, fue aprovechado ingeniosamente para convertirlo en el único obstáculo de agua que se transforma a lo largo de su recorrido jugando un papel importantísimo en cinco hoyos. No puede decirse que las calles sean estrechas, pero sí largas. Están rodeadas por frondosos bosques con variedades arbóreas de enorme altura que impiden el paso de una calle a otra. No hay obstáculos espectaculares pero es el campo que más hace pensar a los golfistas antes de ejecutar un golpe. Dicen que cualquier campo tiene un hoyo tonto pero Augusta se escapa a esta característica y cada uno de ellos es un prodigio de diseño y un reto para el jugador. No existen normas fijas para afrontar cualquier hoyo y el más claro ejemplo en este sentido puede ser el hoyo doce, en el centro del Amen Corner, un par tres de 140 metros en el que puede verse jugar un hierro siete y a los cinco minutos se necesita un hierro cuatro. Prácticamente todos los hoyos favorecen el juego de derecha a izquierda a excepción del primero y el último.

La zona más temida del campo es ese Amen Corner compuesto por los hoyos 11, 12 y 13 que exige a los golfistas el máximo de técnica y calidad. En ese rincón se han ganado y perdido muchos campeonatos, pero no quiere decir ello que el resto de los hoyos sean más sencillos. En la última edición del Masters, el más difícil fue el primer hoyo según las estadísticas. Por si fuera poco el nivel de exigencia del campo, la orografía le convierte en un auténtico rompepiernas ya que son constantes las subidas y bajadas por las calles haciendo además que la colocación del jugador ante la bola difícilmente sea en plano.

Todas estas dificultades están hábilmente disimuladas por un paisaje paradisíaco de arbustos y plantas que en la época en la que se celebra el torneo están en plena floración. Cada hoyo recibe el nombre de las plantas o árboles que se encuentran en las inmediaciones. Por ejemplo, el 4 es el hoyo del manzano silvestre, el 5 recibe el nombre de magnolia, el 8 es el jazmín amarillo, el 10 camelia, el 13 azalea o el 18 que es el acebo. Evidentemente, con el paso de los años, el campo ha sufrido cuidadas renovaciones y cada vez que se han retocado los hoyos se ha logrado un mayor grado de perfección y naturalmente de belleza.

En 1934, el campo ya estaba listo para albergar una competición importante. La USGA había especulado en los últimos meses con la posibilidad de que se celebrase en el nuevo campo de Jones el Open de Estados Unidos, que por primera vez se jugaría en el sur. Sin embargo, la cosa no pasó de meras especulaciones y Jones quiso hacer un torneo inaugural al que invitó a los mejores jugadores con los que había competido en la anterior década. Inicialmente pensó en darle el nombre de Masters pero le pareció demasiado presuntuoso en el caso de repetirse en años venideros sin la participación de los mejores. Finalmente durante los últimos días de marzo de 1934 se disputó la esperada competición bajo el nombre de Augusta National Invitation Tournament, nombre que se mantendría tres años más hasta que Bobby Jones accedió a que se denominase The Masters. El primer ganador fue Horton Smith, con 284 golpes, y Bobby Jones participó quedando empatado para la decimotercera plaza. Se estima que presenciaron el torneo unos diez mil espectadores, aunque no puede hablarse de un éxito económico sino todo lo contrario puesto que al final Jones, junto con su socio, Clifford Roberts, tuvo que pedir dinero a los socios para cubrir los cinco mil dólares que se habían destinado a premios.

La segunda edición ha pasado a la historia del Masters por un sólo golpe: el que dio Gene Sarazen en el hoyo 15, un par cinco, para terminarlo en dos golpes y conseguir el más famoso "albatros" en la historia del golf. En su segundo golpe, desde 200 metros, Sarazen embocó la bola tras golpearla con su madera cuatro. Cuando un chaval de la organización llevó el resultado a la sala de prensa, dijo: *"El señor Sarazen ha hecho el hoyo 15 en dos golpes"*. Un periodista furiosos le dijo: *"Chico, vuelve al partido y entérate correctamente del resultado para no decir tonterías"*. El chaval regresó a preguntar y de vuelta a la sala de prensa confirmó la noticia: *"El señor Sarazen ha hecho el 15 en dos golpes"*. Los teletipos de todo el mundo exaltaron la hazaña y el Masters hizo honor a su nombre creando expectación en todo el mundo.

No obstante, las siguientes ediciones no respondieron al interés inicial ya que el mal tiempo hizo acto de presencia restando belleza al escenario y al juego. Eran además los años de la Gran Depresión y poco después vendría la Segunda Guerra Mundial. Durante la conflagración el club permaneció cerrado y las calles sirvieron de pasto para el ganado, que también dio buena cuenta de azaleas y otras especies.

Pasada la guerra uno de los visitantes asiduos a Augusta fue el que a la postre sería presidente de Estados Unidos Ike Eisenhower, quien formó su primer gabinete, al día siguiente de la elección, jugando los hoyos del famoso campo. El presidente pasó sus días de descanso en

Augusta llevando con él toda la parafernalia propia del cargo; instaló su despacho junto a la casa del club, encima de la actual tienda, y se le construyó una casa para él.

La popularidad del Masters se incrementó de forma definitiva en 1956, cuando por vez primera el torneo fue televisado para todo el país. La irrupción del medio audiovisual coincidió con la eclosión del fenómeno Arnold Palmer, el hombre que revolucionó el golf elevándolo a unas cotas de popularidad desconocidas hasta entonces. Palmer obtuvo la primera de sus cuatros chaquetas verdes en 1958 y dos años más tarde la renovó tras un final avasallador en el que llevaba un golpe de desventaja respecto al líder, Ken Venturi, a falta de dos hoyos por jugar. Palmer terminó con "birdie" en el 17 y "birdie" en el 18, ganando por uno a Venturi ante el clamor de su legión de seguidores. Palmer repitió el triunfo en 1962, pero el año siguiente sucumbió ante un muchacho de 23 años llamado Jack Nicklaus que destacaba con una fuerza imparable justo cuando Palmer se encontraba en el mejor momento de su carrera. Palmer ganó la cuarta chaqueta verde en 1964 y Nicklaus las dos ediciones siguientes. Fueron años gloriosos para el Masters, sobre todo cuando en 1965 Nicklaus estableció el todavía hoy vigente récord de 271 golpes para el torneo. En total, Jack Nicklaus consiguió ganar el Masters en seis ocasiones, la última, en 1986, a la edad de cuarenta y seis años entregando una sensacional tarjeta de 65 golpes en la última jornada.

Entre las anécdotas tristes del Masters hay que destacar la de Roberto de Vicenzo en 1968. De Vicenzo firmó su tarjeta con un golpe más de los que había dado, ya que hizo "birdie" en el 17 y su marcador le apuntó el par. De haberse dado cuenta de esa circunstancia, el jugador argentino hubiera disputado el desempate a Bob Goalby, que le ganó por un golpe de diferencia. Diez años más tarde, el colmo de las desgracias lo vivió el japonés Tommy Nakajima, que necesitó 13 golpes para enterrar la bola en el hoyo trece. En 1980 también necesitó 13 golpes Tom Weiskopf para concluir el hoyo doce, el par tres de 140 metros. Estos tres casos hablan de las dificultades de este torneo y de este campo. El primero de ellos, el de Roberto de Vicenzo, es una muestra de lo que puede influir el factor ambiental o la concentración del jugador, que ni siquiera se da cuenta de su buen resultado. A De Vicenzo le podía haber dado el triunfo final. Los otros casos delatan las dificultades del campo, significadas por unos resultados que parecen increíbles en jugadores de su talla.

El primer extranjero en ganar el Masters fue el surafricano Gary Player, que se hizo con la chaqueta verde en 1961, renovándola en 1974 y 1978. Y el primer europeo, Severiano Ballesteros, ganador en 1980, cuando se proclamó el jugador más joven que obtenía el triunfo en Augusta. Ballesteros vistió la chaqueta verde a los 23 años y cuatro días; el más joven hasta entonces había sido Jack Nicklaus, que en su primera victoria tenía 23 años, dos meses y dieciséis días. Ballesteros supuso una revolución para el torneo dada su corta edad y un juego agresivo que levantó oleadas de admiración en aquel año. Posteriormente renovó el título en 1983 y desde entonces es cada año el más firme candidato a enfundarse la verde prenda. En 1987 jugó el play-off frente a Greg Norman y Larry Mize, quien finalmente acabaría imponiéndose tras embocar espectacularmente desde cuarenta y dos metros en el segundo hoyo del desempate.

Sandy Lyle se convirtió en 1988 en el primer británico que se enfundó la preciada chaqueta verde y este año ha tenido el placer de colocársela a su compatriota Nick Faldo. Sumando a estos triunfos el obtenido por el alemán Bernhard Langer en 1985, el golf europeo ha logrado cinco de los torneos celebrados esta década, algo impensable antes de la aparición de Ballesteros en la ceremonia de entrega de premios del más elitista de los torneos del Gran Slam.

Además de los aspectos técnicos y deportivos de este torneo conviene destacar la idiosincrasia propia del Masters. Ante todo hay que decir que es el torneo mejor organizado de cuantos puedan existir. Los lujos existen en lo que es el campo, ya que el club depende y se fundamenta en el campo, en la práctica del golf y en la organización del torneo. Los doscientos socios juegan una media de dos veces al año, circunstancia que sólo se explica si tenemos en cuenta que únicamente 28 de esos socios viven en el estado de Georgia: el resto tiene que desplazarse desde muy lejos y lo hace en ocasiones excepcionales. Uno no puede pedir ser socio de Augusta, a uno le ofrecen ser socio. Las cuotas, aunque parezca increíble, son inferiores a las de muchos clubs españoles, y los precios de cafetería y restaurante resultan ridículos. Esto es así porque la política del club se dirige a un mayor confort del socio sin que tenga que molestarse por el precio de una consumición. La gran fuente de ingresos es, lógicamente, el Masters.

El premio para el ganador solamente se da a conocer pocas horas antes de que concluya la última jornada. Tampoco se hace público el número de espectadores asistentes y no se venden entradas. Se calcula que existen unos cincuenta mil abonados y conservan su derecho a entrar como el más preciado de los tesoros, pasando los abonos de padres a hijos. Los espectadores reciben un libro de instrucciones o recomendaciones para seguir el juego desde cada ángulo del campo, y entre otras recomendaciones existe la de no correr por el campo. Todo el mundo sigue las instrucciones al pie de la letra.

Los jugadores también tienen un trato especial y los campeones poseen sus zonas reservadas en el club y vestuario exclusivo. El martes previo a la competición los campeones se reúnen en una cena a la que invita el ganador de la última edición. No falla ni un solo detalle en las atenciones al selecto grupo de maestros y uno de los mayores misterios de cada año continúa sin resolverse: ¿cómo es posible que la chaqueta verde siempre sea de la talla exacta del nuevo campeón si acaba de decidirse unos minutos antes y nadie le ha tomado medidas? Por estas y otras muchas razones el Masters es el Masters. Único.

TÉCNICA

LA IMPORTANCIA
DEL RITMO

Como ha podido comprobarse a través de la historia, el golf es un deporte que ha conseguido gustar a buena parte de los estratos sociales de diferentes civilizaciones hasta el punto de crear auténticos fanáticos entre sus practicantes y seguidores. Dicen que quien entra en el mundo del golf difícilmente puede salir de él, como si se tratase de la peor de las drogas. Pero ¿qué es el golf?

Tampoco resulta demasiado sencillo definir de forma única este deporte, de hecho existen múltiples definiciones que lo catalogan mediante sus innumerables aspectos. Adoptar una sola definición sería dejarse muchas cosas en el tintero y nunca llegaría a reflejarse cada uno de sus condicionantes porque éste es un deporte de condicionantes y de muchas dudas hasta tal punto que se dice habitualmente en cualquier táctica de juego que si piensas que puedes hacer una cosa o si piensas que no puedes hacerla, en cualquiera de los casos, tienes siempre la razón.

Dícese que el golf consiste en golpear una bola con una serie de palos desde un punto de partida hasta embocarla en un hoyo en el menor número posible de golpes y siguiendo siempre las normas estipuladas. Esta definición es correcta pero como todas las demás, incompleta. Hay quien dice que el golf es el arte de balancear un palo que debe golpear una bola. Para otros es un esfuerzo moral supremo. Recordemos también que Sir Winston Churchill lo definió como el arte de golpear una bola muy pequeña para introducirla en un agujero todavía más pequeño con una serie de armas fatalmente diseñadas para tal propósito. El profesional norteamericano Fuzzy Zoeller ha dicho que el golf consiste, nada más y nada menos, que en golpear una bola… buscarla… encontrarla… volver a golpearla las veces que haga falta y finalmente embocarla en un hoyo. Para el célebre escritor Mark Twain, el golf era la mejor manera de echar a perder lo que pudiera haber sido un paseo agradable. El lema del Royal Troon, el club que este año ha albergado el Open Británico, es "tam Arte Quam Marte", algo así como decir que es tan importante la habilidad como la fuerza. El dramaturgo Bernard Shaw dijo que a muchos ciudadanos la edad les trae golf en vez de sabiduría.

Estos ejemplos de definiciones o simples opiniones vienen a reflejar que nos' encontramos ante una actividad que va mucho más allá que la simple práctica de un ejercicio físico de habilidad, destreza y fuerza. Hay un factor psicológico cuya dimensión se valora en un cincuenta por ciento del total de factores que afectan a la práctica del golf. No en vano se dice que un jugador de golf tiene más enemigos que ningún otro deportista, a saber: 14 palos distintos en su bolsa, 18 hoyos diferentes que afrontar con sus distintas adversidades en forma de tierra, agua, arena, piedras, árboles, viento, lluvia, calor, frío... y todo esto no es más que el cincuenta por ciento de los enemigos. El otro cincuenta por ciento es uno mismo. Quizá por estas circunstancias se considera que el golf es uno de los cinco deportes cuya práctica es más difícil. En cierta ocasión Severiano Ballesteros comparó a los golfistas con los médicos diciendo que cada uno tiene una respuesta diferente al mismo problema. Puede decirse también que el golf es la más inexacta de todas las ciencias. Este factor psicológico tiene tanto peso y es de tan difícil control que diariamente se dan casos que a ojos del profano pueden resultar grotescos cuando no inexplicables.

UN GOLPE EN LA LUNA

Cuando el astronauta Allan Shepard se posó sobre la superficie lunar en 1971 una de sus máximas preocupaciones fue jugar al golf. Dejó caer en el gran bunker una bola, empuñó su hierro seis, hizo en la ingravidez el más lento y soñado de todos los swings que había realizado en toda su vida y... dio un golpe al aire. Se engañó a si mismo reclamando al espacio un Mulligan —una segunda oportunidad inventada por un irlandés que no rebasaba nunca con su drive los veinte metros—. Al segundo intento convirtió en realidad su sueño y de aquella expedición lunar es más recordada la "anécdota" que los motivos científicos que la impulsaron. En tierra firme, cuarenta años antes, el imperturbable Vizconde Castlerose, tras topar tres veces seguidas una bola, ordenó a su caddie: "Recoja la bola, rompa inmediatamente los palos y regresemos al castillo". Es conocido que Bob Hope ha preferido siempre ganar cualquier torneo informal entre amigos que un Oscar.

Son situaciones límite que se repiten a diario con distintos personajes y que de alguna manera reflejan una serie de connotaciones que caracterizan a este deporte diferenciándole de los demás de forma absoluta. Los mayores mentirosos en este deporte no son quienes alargan la longitud de los putts que han embocado, ni quienes dicen haber alcanzado el green desde una distancia larguísima, ni tampoco quienes aseguran haber rebasado los doscientos metros con su driver... los mayores mentirosos son quienes juran y perjuran que a esto del golf se juega por puro entretenimiento. El golf es algo más que eso, es obsesión, furtividad, masoquismo, es, en definitiva, puro vicio. No es de extrañar que muchos practicantes de este deporte hayan cambiado sus vidas de forma radical rompiendo con muchas otras actividades que practicaban anteriormente.

Dentro de ese factor psicológico una de las circunstancias que afectan a la gran mayoría de golfistas es la capacidad de autoengañarse. Así quienes son incapaces de enviar la bola a más de cuarenta metros con su driver se creen unos grandes pateadores, quienes no pueden embocar un putt de veinte centímetros dicen tener un gran swing, quienes no sacan la bola del bunker en los tres primeros intentos se creen reyes en el juego corto... en fin, que la cosa da para mucho. Los bosques están llenos de grandes pegadores, los greens se fertilizan con el sudor de los grandes pateadores y los bunkers son cada día más profundos gracias a sus excelentes excavadores.

Quédense con la definición que más les guste o fabríquense la suya propia. Lo que está claro es que el golf es más que un deporte. Dejando aparte ese primer cincuenta por ciento psicológico vamos a exponer algunos otros aspectos básicos en la técnica del golf.

Ante todo hay que tener en cuenta que este deporte se basa en una serie de movimientos que son antinaturales, es decir que el hombre no realizaría nunca en ninguna otra actividad de su vida. En otras modalidades deportivas las acciones del cuerpo humano están basadas en sus movimientos habituales, perfeccionándolos, sacándoles mayor rendimiento o exagerándolos para conseguir otros fines; el hombre, antes de que se inventara el deporte como tal, siempre ha caminado, corrido, lanzado algo con la mano, ha saltado o ha golpeado cualquier objeto con sus extremidades pero lo que nunca ha hecho es un swing.

Esta palabra anglosajona que podríamos traducir como balanceo es una de las claves en la técnica del golf. Es imposible golpear una bola y que salga recta a la distancia requerida si no se hace un swing correcto. El swing es ese balanceo de los brazos y el palo, como si las extremidades superiores y el artefacto fueran un todo único, que forma un arco imaginario y en cuyo punto determinante se encuentra con la bola. A decir verdad no es tan simple y no se trata tan sólo de un buen movimiento de brazos sino de un correcto giro del tronco y de las caderas y del reparto compensado del peso del cuerpo sobre las piernas en ca-

LOS MOVIMIENTOS DE UN SWING

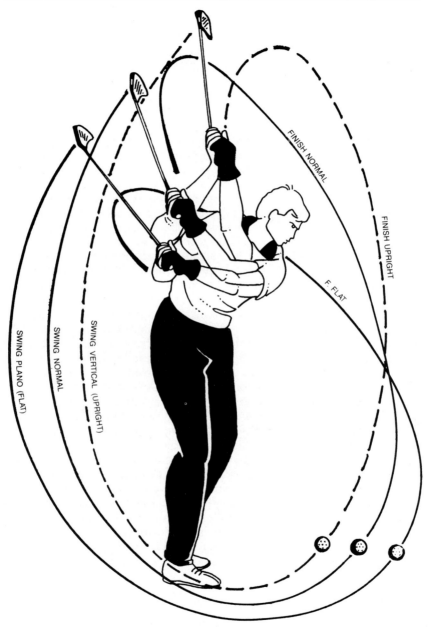

FINISH NORMAL

FINISH UPRIGHT

F FLAT

SWING PLANO (FLAT)

SWING NORMAL

SWING VERTICAL (UPRIGHT)

TIPOS DE SWING

da una de las fases del swing. Es un movimiento coordinado de todo el cuerpo en el que la fuerza no es el factor más importante sino uno más entre los muchos que hay que tener en cuenta. Más importante que la fuerza es la velocidad con que se ejecuta y el ritmo que se sigue.

Ese ritmo, "timing" o "tempo" como se le conoce también en el argot golfístico, es de suma importancia y la lentitud y temple son necesarios sobre todo en la primera fase del swing. Se estima que desde que se separa la cabeza del palo del suelo hasta que se alcanza el punto culminante —cuando la varilla queda por encima de los hombros en paralelo con el suelo— debe invertirse el triple de tiempo que en el resto de la acción hasta su final. El colmo de esta circunstancia se lo tuvo que escuchar el célebre compositor norteamericano de música ligera en los años cuarenta George Gershwing cuando tras un recorrido desastroso le dijo su caddie: "Sr. Gershwing, su problema es que no tiene ritmo".

Ese ritmo ha de ser coordinado y coherente en cada una de las fases del swing. La primera, "take away", es el momento en el que la cabeza del palo se retira de la bola para comenzar su trayectoria ascendente hacia atrás; le sigue el "backswing" que corresponde a ese recorrido del palo y los brazos hacia atrás buscando la posición más lejana o "topswing" que es cuando se ha alcanzado ese paralelismo entre el palo y el suelo por encima de la cabeza y comienza el trayecto descendente o "downswing" por el mismo camino que en la subida camino del impacto; después de éste viene el denominado "follow trough" en el que el palo asciende en la dirección del objetivo hasta llegar al "finish" o conclusión del arco con el palo a la espalda del jugador. Cualquiera de estas fases es decisiva aunque puede considerarse que el "backswing" lo es más porque condiciona todas las siguientes.

Otros factores que condicionan el swing y que sin un buen cumplimiento de ellos no sería posible dar un golpe correcto son el hecho de mantener la cabeza fija con la vista clavada en la bola, incluso después del impacto, y el "stance" o posición que se adopta ante la bola con la correcta distancia entre ésta y los pies, la colocación de los hombros en la dirección que se pretende seguir. Básicamente la línea de los hombros y de los pies determinan la dirección de la bola. La distancia a la que ha de colocarse el jugador ante la bola ha de ser en todo momento la idónea para que la línea de swing sea la ideal. El problema de muchos jugadores es que están demasiado cerca de la bola... incluso después de haberla golpeado.

OBJETIVO: EL HOYO EN UNO

Otro de los elementos básicos en la técnica de este deporte es el "grip" o forma de empuñar el palo. Hay que tener en cuenta que toda la técnica del swing, con todos sus movimientos musculares, acaba siendo transmitida al palo a través de las manos que deben adoptar una posición —también antinatural— que condiciona al golpe y que es el eslabón vital en el eje cuerpo-brazos-manos-palo-bola. Hay que empuñar el palo con firmeza pero sin agarrotamiento, más con los dedos que con la propia mano y dominando siempre la mano izquierda sobre la derecha; si la que manda es ésta, lo normal es que se produzca el agarrotamiento y que el resultado no sea el apetecido. Obtener el grip idóneo es uno de los principales problemas con los que se encuentra el principiante ya que, insistimos, es una posición de manos antinatural que hace sentir al jugador una tremenda incomodidad y desconfianza que no se disipan hasta haber pasado algún tiempo de adaptación. El grip es uno de los elementos en la técnica del golf más susceptibles de enviciar, de ahí que su correcta fijación desde los inicios sea importantísima para su posterior utilización.

El grip, el swing y el stance son primordiales para la ejecución de cualquier golpe pero hay que tener en cuenta que cada situación en el campo es distinta y por lo tanto requiere una actuación diferente. En líneas generales y con las bases ya establecidas hay que diferenciar entre el juego largo y el corto. El largo hace referencia a los golpes en los que se pretende alcanzar una mayor distancia bien sean con maderas o con los hierros más largos; en este aspecto la precisión es relativa ya que normalmente se trata de alcanzar la calle con el golpe de salida desde el "tee" o llegar a las inmediaciones del "green" desde una distancia considerable. Normalmente el manejo de las maderas y de los hierros largos es más difícil que el de los cortos pero el riesgo que se corre si se cometen errores es también muy superior debido a los obstáculos que pueden hacer perder un golpe si no se alcanza la posición ideal para ejecutar el siguiente. Puede decirse que el juego largo es el que se realiza cuando se pretende alcanzar una distancia superior a los 180 metros aproximadamente.

El juego corto incluye los golpes de aproximación a green y el desarrollo sobre el propio green con el "putter" o pat como comienza a escribirse ya en la adaptación castellana. El jugador ideal debería ser hábil en ambos aspectos del juego pero esta circunstancia se da en contadas ocasiones e incluso entre los profesionales es difícil encontrar un correcto equilibrio entre el juego largo y corto. Ambos son decisivos. No olvidemos que el objetivo final de este deporte es embocar la bola en el hoyo empleando el menor número posible de golpes y que para llegar a ese objetivo final la distancia a cubrir implica generalmente todo tipo de golpes. En la competición profesional se da mayor importancia al juego corto, sobre todo dentro de green, teniendo en cuenta que los ju-

gadores tienen una técnica tan depurada que el juego largo no les supone una pesadilla como sucede con los aficionados. Quizás por esa razón todo el mundo está de acuerdo con esta frase: "El drive es la gloria y el pat la victoria"; es decir, que se siente gran admiración por quienes golpean correctamente con su madera uno pero que los partidos se ganan a la hora de embocar con el "put".

Para ilustrar mejor los golpes de este deporte, nada mejor que observar el juego del número uno del mundo, Severiano Ballesteros, sin lugar a dudas un golfista que ha marcado una época y que por derecho propio se ha ganado un lugar entre los más grandes de todos los tiempos. Ballesteros, empezando por el principio, considera que el "swing" se debe tener preparado en el "tee" del primer hoyo. Durante el recorrido puedes darte cuenta del pequeños detalles, como que pones la bola demasiado al pie izquierdo, o al derecho, o que apuntas mal, pero antes de salir al campo debes tener ya tu punto de referencia para hacer el "swing", considera el cántabro.

Ballesteros, habitual colaborador de revistas y cualquier tipo de publicaciones, ha dejado escrito que una cosa realmente importante es conocer cada uno sus auténticas posibilidades. El jugador español cree que «en un par 4 yo puedo jugar un hierro 1 porque pego muy fuerte, pero otros deben jugar una madera 3 o el "driver". Es muy importante que cada uno conozca su juego y plantearse el recorrido en función a uno mismo. No todos pueden aplicar la misma estrategia, porque cada uno tiene unas condiciones a las que adaptar aquella».

Conocer los secretos del golf de la mano de Ballesteros es uno de los objetivos de cualquier jugador novato. Al gran campeón de Pedreña se lo sortean en los torneos pro-am, competiciones muy útiles para el aprendizaje de los mayores secretos de los campeones. En "Un año de golf, 1986" de Teresa Bagaría y Núria Pastor, Ballesteros escribió que es un jugador con muchos recursos, más de los que tiene la mayoría, y que eso es debido a que empezó a jugar con un solo palo. «Esta circunstancia —reflexionó en el libro— me ayudó a pensar. ¿Cómo hacer un golpe por alto y dejar la bola muerta con el hierro 5? ¿Cómo hacer el mismo golpe con un hierro 5 que con un "blaster"?». Hay muchos jugadores que no piensan, que creen que cuando van al "raf" su primera intención es salir a la calle. Yo, cuando estoy en el "raf", sólo pienso que lo prioritario es llegar al "green".

Pero cada competición es distinta a las otras. Como cada hoy nada tiene que ver con los demás. Para Severiano hay uno que es muy importante: el 17. El jugador cántabro piensa que allí es muy importante que el que falles no seas tú. Poco importa, en su opinión, que tu rival haga el "birdie" y reduzca la diferencia que le puedas llevar en ese punto;

lo primordial es no perder el hoyo porque de lo contrario le estás dando moral y confianza al adversario. En ese hoyo hay que asegurar el par. Ballesteros es de la opinión de que asegurando el par es cuando muchas veces llega el "birdie".

Pero el 17 es un hoyo que también se ha de jugar de diferente modo según las circunstancias. No es lo mismo poder jugar a la defensiva, asegurando, que tener que arriesgar para ganar posiciones. No es lo mismo estar en cabeza con una ventaja clara que ir ganando pero en dificultades. Ballesteros afirma que si uno va perdiendo en el hoyo 17, por seguir con el mismo ejemplo, no tiene más remedio que arriesgar al máximo.

Jugador valiente e innovador, Ballesteros es un hombre muy crítico con su juego. "A veces creo que me censuro demasiado —opina—, pero nunca he advertido que eso sea negativo. Cuando las cosas no salen demasiado bien debes ser duro contigo mismo, castigarte. Es como un revulsivo, como si alguien te pinchara. Y eso te ayuda a levantarte. Hay que reaccionar, ser fuerte. Es muy importante no darte nunca por vencido. Importante para ti y para la situación del juego, pues tu rival debe saber siempre que está enfrentándose a un peligroso enemigo que está en posesión de todos sus recursos".

Ballesteros ha escrito que "hay que ser duro con el contrario, pero siempre dentro de las normas de deportividad imperantes. Hay que tener fe en que le vas a dominar, respetarle pero tener el convencimiento de que aunque juegue bien le puedes ganar. Es como cuando tienes un "put" de dos metros, con muchas caídas, pero que necesitas embocar para ganar. Por más presión que haya, debes vencer el momento y embocar, mentalizarte de que has de meter la bola en un único golpe. Del modo que sea, pero adentro. La presión ha de quedar fuera. No valen ni miedos ni presiones".

Para el jugador español, lo importante ante el golpe es visualizarlo de un modo concreto, algo que puede considerarse que es innato en los grandes campeones. Para Ballesteros es como "cerrar los ojos y ver el vuelo de la bola, perfecto, y que se queda allí donde lo habías previsto". Es una sensación única, que se repite más a menudo en los "puts". ¿Cuántas veces no habrá vivido cada golpe decisivo Ballesteros? ¿Cuántas veces habrá repasado mentalmente las curvas trazadas por sus bolas en los trepidantes hoyos del Amen Corner de Augusta? Entonces, cuando lo has visto claramente, tiras y te sale el golpe preciso. Fácil aserto de Ballesteros, que cree que rara vez se falla un golpe si previamente se ha visualizado. "Visualizar no quiere decir imaginar —asegura Seve—. Es cuestión de verlo, de sentirlo. Y esto no sucede siempre.

Uno de los elementos de este deporte que más chocan al profano es la terminología utilizada a la hora de contabilizar los golpes según se ha estipulado en cada hoyo o en cada recorrido. Hay que decir en este aspecto que cada hoyo tiene un par, es decir un número estipulado de golpes en el que debería ser cubierto según la distancia que hay de "tee" a green y de las dificultades que encierra el trazado. Normalmente los campos tienen hoyos de par 3, 4 ó 5. En los pares 3 la distancia a green desde el punto de salida —"tee"— suele ser inferior a los 220 metros y superior a los 80 m y se entiende que el jugador ha de llegar a "green" con el primer golpe y embocar con dos pats —golpes con el pat o putter. En los pares cuatro se supone que se alcanza el "green" de segundo golpe ya que estos hoyos suelen tener una distancia de tee a "green" entre los 250 metros y 420 metros aproximadamente. En los pares cinco la distancia suele ser superior a esos 420 metros y es de suponer que se llega a "green" con el tercer golpe.

Si un jugador termina un hoyo en el número de golpes establecido se dice que ha hecho el par del hoyo. Los afortunados que lo hacen con un golpe menos se dice que han hecho un "birdie", los profesionales que lo resuelven con dos golpes menos de los estipulados se dice que han hecho un "eagle" y los virtuosos capaces de cubrir un par 5 en dos golpes —tres menos del par del hoyo— no sólamente se dice que han hecho una locura sino también un "albatros". Los esforzados del "bogey" son quienes hacen un hoyo en un golpe más de los que indica su par. Quienes hacen "doble bogey", dos más del par, son legión. El "triple bogey", tres más del par, es cosa de todos y del "cuadruple bogey" no se escapa ni el más pintado.

Definir el "hoyo en uno" es sumamente difícil por la falta de referencias aunque se sabe que algunos más que afortunados golfistas han conseguido embocar su bola con el primer golpe, lógicamente en los hoyos de par tres. En el terreno amateur quienes hacen hoyos en uno, eagles o birdies son normalmente personas sin trabajo y sin familia "castigados" a dar con sus huesos en el campo de golf más horas que cualquier otro mortal. Desdramatizando el tema del hoyo en uno no se puede pasar por alto la teoría de Groucho Marx sobre esta circunstancia: "No es tan difícil como parece; en realidad hay un cincuenta por ciento de posibilidades de hacer hoyo en uno: se hace o no se hace".

TAMBIÉN HAY QUE DAR EFECTO

Los sistemas de juego en golf son muy numerosos. Hay que tener en cuenta que este deporte puede jugarse de modo individual o por equipos cuyo número de componentes puede variar aunque lo más normal es hacerlo por parejas. Teniendo en cuenta que las competiciones más deslumbrantes son para individuales la fórmula más habitual es la de "medal play" o "stroke play". En esta fórmula por golpes el golfista

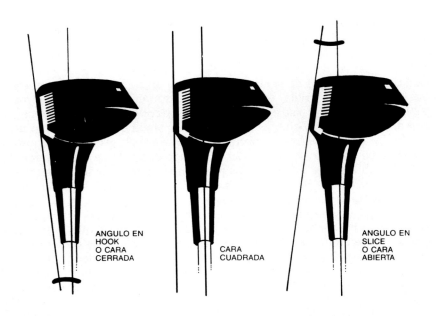

ANGULO EN
HOOK
O CARA
CERRADA

CARA
CUADRADA

ANGULO EN
SLICE
O CARA
ABIERTA

EFECTOS: ANGULOS DE LA CARA DEL PALO ANTE LA BOLA

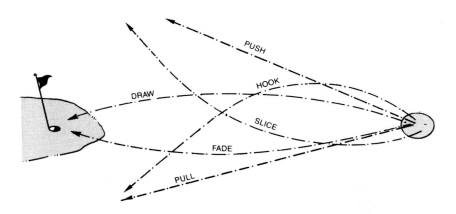

PUSH

HOOK

DRAW

SLICE

FADE

PULL

EFECTOS: TRAYECTORIAS

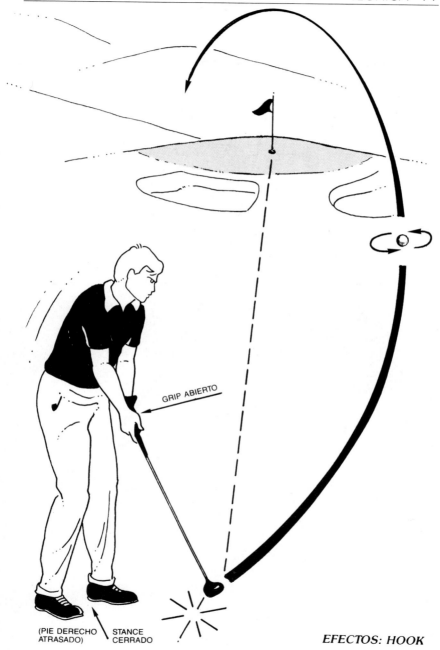

GRIP ABIERTO

(PIE DERECHO ATRASADO) STANCE CERRADO

EFECTOS: HOOK

EFECTOS: SLICE

HOOCK

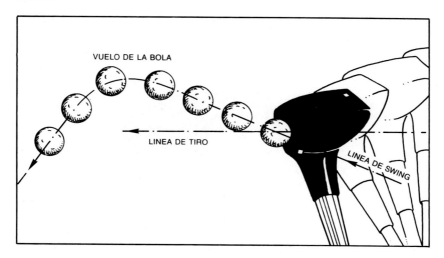

PULL

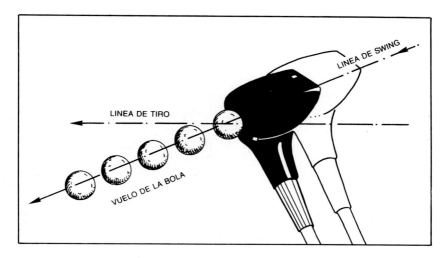

ENTRADA DEL PALO A LA BOLA

PUSH

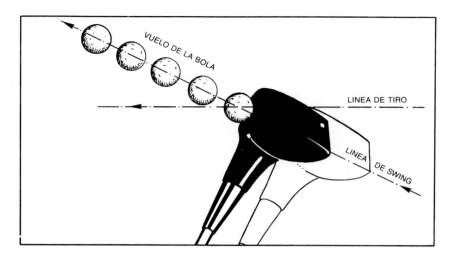

SLICE

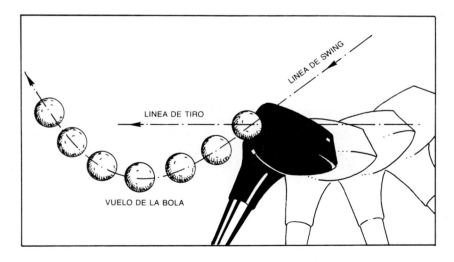

ENTRADA DEL PALO A LA BOLA

compite con el resto de adversarios y resulta ganador quien ha ejecutado un menor número de golpes después de acabar el recorrido establecido. Entre los profesionales los torneos suelen disputarse a cuatro recorridos de dieciocho hoyos cada uno.

En las competiciones por eliminatorias la fórmula habitual es el "match play" o sistema de juego por hoyos. En "match play" gana el jugador o equipo que ha ganado mayor número de hoyos y, lógicamente, gana el hoyo el que menos golpes haya empleado al terminarlo. Durante el partido se dice que uno va "arriba" cuando se va ganando y "abajo" al ir perdiendo. En caso de empate se dice que van "all square" y cuando un jugador lleva una ventaja igual al número de hoyos que faltan por disputar se dice que va "dormie". En esta fórmula de juego cuando se ha alcanzado una ventaja superior a los hoyos que faltan por jugar se ha terminado el partido.

En las competiciones por parejas una de las modalidades más habituales es la "foursome" en la que las salidas de cada hoyo se alternan los componentes del mismo bando y a partir de ese momento se ejecutan los golpes de manera alterna y con la misma bola para ambos jugadores. También es muy corriente en las competiciones por parejas la modalidad de "greensome", en ésta los componentes de un equipo hacen sendas salidas a cada tee y eligen la más conveniente y juegan con ella alternando los golpes sobre la misma bola ambos jugadores. En la de "fourball" cada jugador juega su bola y al finalizar el hoyo se apunta en la tarjeta el mejor resultado de los dos. Estos son los sistemas más comunes en las competiciones profesionales aunque otros métodos son también corrientes en todo tipo de torneos sobre todo en el campo amateur.

Una de las competiciones más atractivas de la temporada es seguramente la Ryder Cup, desafío intercontinental que enfrenta cada dos años a los equipos de Estados Unidos y Europa. Su singularidad, dejando aparte que es el único torneo en el mundo de su naturaleza, reside en la fórmula de competición elegida. Cada conjunto presenta un total de doce jugadores que van sumando puntos de sus respectivos enfrentamientos contra sus rivales, en encuentros individuales y por parejas. España, desde la aparición de Ballesteros y los éxitos de la "Armada invencible", es una potencia asidua en el equipo europeo.

La gran noticia de esta competición se produjo en 1985, cuando la formación europea se impuso a la norteamericana después de una larga etapa de 28 años. Esa temporada, el golf estadounidense sufrió un serio correctivo: además de la derrota en la Ryder, sucumbió ante Australia en la Dunhill Cup y dejó escapar las victorias en el Masters (Langer) y en el Open Británico (Lyle). Pocos torneos de golf habrán podido superar en emoción y calidad a aquella Ryder de 1985 disputada en The Belfry.

La derrota por la mínima en la edición anterior, disputada en Florida, permitía a los europeos albergar esperanzas de cara a un inesperado y sonado triunfo. Estados Unidos no llamó a dos de sus figuras más carismáticas, Jack Nicklaus y Tom Watson. Lee Treviño confió en los hombres más en forma en esos momentos, todo lo contrario que el capitán del conjunto europeo, que hizo un llamamiento a su "artillería": Langer, Lyle, Ballesteros, Faldo, Piñero, Torrace, etcétera.

En 21 ocasiones había vencido el equipo de Estados Unidos al de Europa desde 1927, fecha de la fundación de esta competición. Los hombres de la vieja Europa sólo podían presentar un magro balance de tres triunfos y un empate, el de 1969, cuando Nicklaus le concedió un "put" de menos de un metro a Jacklin en el partido decisivo. Pero esos eran otros tiempos y Europa se concentraba exclusivamente en jugadores del Reino Unido, ya que su superioridad ante el resto de golfistas era evidente.

En 1979, Europa se presentó como auténtico equipo continental. Y no pasaron seis años hasta que España se puso al frente de las operaciones, puesto que en 1985 eran ya cuatro los jugadores españoles integrantes del equipo de la Ryder: Rivero, Cañizares, Piñero y, naturalmente, Ballesteros.

El triunfo de Europa se fundó de modo muy especial en el comportamiento de la pareja Ballesteros-Piñero. Ganaron tres de los cuatro puntos que disputaron, finalizando Piñero con cuatro puntos en su casillero y Ballesteros con 3,5. Por si fuera poco, Cañizares acabó el torneo siendo el único de los 24 jugadores imbatido.

El campo de Belfry favorecía a priori al equipo de Estados Unidos, pero la tenacidad y la concentración de los europeos, dispuestos a romper la hegemonía de la formación adversaria, les condujo a la victoria. Fue decisiva la actuación de Craig Stadler en la segunda jornada. Falló de un modo incomprensible un "put" de apenas 30 centímetros y permitió que la pareja Langer-Lyle igualara ese partido. Horas después, Cañizares y Rivero batían a Peete y Kite y Ballesteros y Piñero hacían los propio con Stadler y Sutton. La Ryder parecía encarrilada con la decisiva aportación de los cuatro mosqueteros del golf español.

Con dos puntos de ventaja inició Europa la última y decisiva jornada. Aquel no era el clima del Masters ni de ningún otro torneo del Gran Slam, pero el honor de vencer a los orgullosos estadounidenses era una motivación mil veces mayor que la de cualquier victoria en Augusta. Europa estaba capacitada para vencer al gran "opresor". Se rozaba la gran gesta de un año decididamente malo para el golf americano.

La ventaja inicial hizo que Treviño, siempre tan estratega, colocara a sus dos mejores hombres en los choques de apertura a fin de nivelar la balanza. No estaba mal pensado, pero Treviño con lo que no contaba era con el eficaz quehacer de Manolo Piñero, que logró uno de los puntos decisivos del encuentro al superar a Lanny Wadkins en el hoyo 17. Un punto tan valioso que desde entonces se empezó a pensar en The Belfry que aquel día se iba a escribir una de las páginas más intensas del golf contemporáneo.

El alemán Bernhard Langer, sacrificado en los dobles al ser emparejado diariamente con un jugador distinto, logró una amplia victoria sobre Sutton, alejando todavía más a su equipo de los poseedores del título. Y del mismo modo se comportaron Way, Lyle y Ballesteros, que remontó un partido muy difícil para obtener finalmente el medio punto del empate ante Kite. Más de 30.000 personas decidieron entonces que el equipo europeo, "su" equipo, reclamaba su apoyo. Su sola presencia inyectó de moral a los europeos, que necesitaban apenas un punto para concluir el choque con un resonante triunfo.

El punto victorioso llegó de la mano de Sam Torrance, más motivado todavía por la remontada de Ballesteros en su duelo ante Kite que por los gritos de ánimo de sus seguidores. Andy North, su rival, no pudo por menos que perder el control de los nervios y también el encuentro. Acabó en el agua.

Tony Jacklin, el capitán europeo, fue paseado en hombros. Era la locura colectiva desatada para saludar a un equipo imperial que acababa de hacer historia. La compañía British Airways, con el mismo "Concorde" que horas después devolvería a los compungidos jugadores americanos a su tierra, hizo un vuelo rasante sobre el campo para felicitar a Ballesteros y los suyos. Europa acababa de revalorizar una competición típicamente americana.

En este deporte, como en muchas otras cosas en la vida, lo más difícil de conseguir es precisamente la sencillez. Es decir, la línea recta. La perfección en el golpe de golf sería siempre esa línea recta que el jugador traza en su mente antes de impactar la bola pero eso es precisamente lo más difícil de conseguir. De ahí que se diga que la mitad de los golfistas juegan hacia la izquierda y la otra mitad hacia la derecha, sólo Nicklaus, Ballesteros y algún otro virtuoso esporádico son capaces de seguir esa ansiada línea recta en busca del objetivo. No obstante en ciertas ocasiones esa línea recta es imposible porque hay obstáculos de por medio o hay que contrarrestar la fuerza del viento cruzado de manera que hay que emplear una serie de efectos importantísimos en la técnica de este deporte.

Si la colocación ante la bola, la línea de swing, el grip o la cara del

palo no son las idóneas la bola viaja de forma irregular alejándose de la pretendida línea recta. Esta circunstancia puede ser un fallo o puede realizarse de forma voluntaria en busca de una trayectoria provocada por un efecto. Genéricamente los efectos que hacen que la bola salga hacia la derecha le imprimen una mayor elevación aunque restan potencia al golpe y se consiguen menos metros que si el efecto es hacia la izquierda. También, normalmente, el swing que provoca un efecto hacia la derecha es más vertical, mientras que el swing si es hacia la izquierda es más horizontal.

Los seis efectos más importantes que se producen son los siguientes: "Push"; la bola sale hacia la derecha del objetivo tras hacer el jugador una línea de swing que va de dentro a fuera y la cara del palo está abierta. "Hook"; este efecto provoca que la bola tenga una trayectoria inicial que va a la derecha del objetivo pero posteriormente se cierra y gira hacia la izquierda del mismo. El efecto se produce con un swing de dentro a fuera y la cara del palo cerrada. "Draw"; en este caso la bola sale recta hacia el objetivo pero en su recorrido final gira ligeramente hacia la izquierda. Este efecto se provoca cuando la línea del swing es de dentro a fuera y la cara del palo llega cuadrada a la bola.

Los otros tres efectos son: "Pull"; en este caso la bola sale directamente hacia la izquierda del objetivo tras hacer una línea de swing que va de fuera a dentro y la cara del palo llega a la bola abierta. Es justamente el efecto contrario al "Push" y en ambos casos suele tratarse de errores en el juego ya que no son efectos pretendidos por ningún golfista. "Slice"; la bola sale inicialmente por la izquierda del objetivo para girar hacia la derecha del mismo tras hacer un swing de fuera a dentro e impactar la bola con la cara del palo abierta. Es el efecto contrario al "Hook" y ambos suelen ser empleados para salvar obstáculos que afectan a la línea recta entre la bola y el objetivo. "Fade"; con este efecto se consigue que la bola salga recta y en los últimos metros de su trayectoria gire levemente hacia la derecha. Esta circunstancia viene provocada por el swing de fuera a dentro y la cara del palo cuadrada a la bola en el momento del impacto. Es el efecto contrario al "Draw" y ambos son considerados como muy favorables para cada circunstancia.

Una técnica depurada exige un buen uso de estos efectos en la situación adecuada aunque, desgraciadamente, para la mayoría de practicantes los efectos salen de forma involuntaria e indiscriminada de manera que pueden llegar a convertirse en toda una obsesión para el jugador.

UN DEPORTE MUY COMPLEJO

El golf es uno de los deportes que mayores exigencias plantea para lograr una técnica adecuada y es impensable jugar unos hoyos, ni tan siquiera empuñar un palo, sin haber recibido la instrucción necesaria. Ponerse en manos de un profesor, no solamente es necesario para quienes se inician en este deporte sino también para los profesionales más destacados de la alta competición. No hay ni un solo jugador, por bueno que sea, que habitualmente no recurra a los consejos de un instructor para rectificar cualquier anomalía en su swing, stance, o grip. Algunos llegan a cambiar totalmente alguno de estos aspectos en plena carrera profesional ante el asombro de quienes piensan que una estrella ya sabe lo suficiente. Johnny Miller llegó a decir: "Parece increíble cómo podemos estar ganando miles y miles de dólares cada semana y aún con todo queremos cambiar el swing". Nick Faldo, ganador del Open Británico y del Masters, cambió su swing tras una mala temporada, le costó meses adecuarse al nuevo movimiento pero los buenos resultados no se hicieron esperar. Nicklaus, a su edad y tras haber conseguido casi una veintena de títulos del Gran Slam, aún puede vérsele en el campo de prácticas de cualquier torneo en los que compite escuchando los consejos de sus compañeros.

La complejidad de la técnica imprime necesariamente un carácter de humildad al golfista sin la cual difícilmente puede adelantar en sus progresos. Es normal ver a Ballesteros lanzar cien bolas antes de emprender un recorrido. Y después del mismo tampoco resulta extraño verle nuevamente en el campo de prácticas dando doscientas bolas más. El campo de prácticas es como el purgatorio, el lugar donde se expían todos los pecados del golf. En este deporte no hay acceso directo al cielo, el grado de sacrificio es superior al de cualquier otra modalidad deportiva.

Al margen de la técnica propiamente dicha hay una serie de elementos que los jugadores, sobretodo los profesionales inmersos en la gran competición, ejercitan para cultivar ese factor psicológico tan importante. Es hasta cierto punto normal encontrar en los vestuarios a jugadores practicando yoga antes de un recorrido. La sofrología es también una técnica empleada por destacados profesionales. En cualquier caso la meditación trascendental —por extraño que suene— es muy habitual entre quienes compiten semana tras semana en cualquier circuito profesional.

En los últimos años en el circuito norteamericano es cada vez mayor el número de jugadores que militan activamente en diversas sectas religiosas aunque esta circunstancia no sabemos si es consecuencia de una mayor profundización en el factor psicológico que afecta al golfista o no. Nombres afamados como Larry Nelson, Scott Simpson o Larry Miza entre otros, combinan su participación en los torneos con una militancia activa en actos religiosos que en ocasiones coinciden con la celebración de campeonatos, de ahí que no sea extraño encontrarles en el hotel de su concentración sermoneando a los seguidores de su creencia.

Teniendo en cuenta todas estas circunstancias no resulta difícil comprender que la técnica del golf, cuando menos, es compleja y, en cualquier caso, no tiene unos límites establecidos ni conocidos.

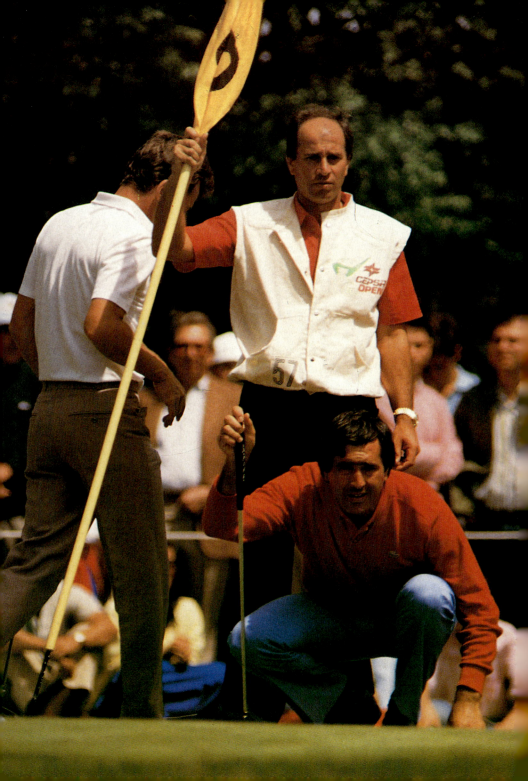

PRÁCTICA

DE PAR EN PAR

Aunque en nuestro país no esté todavía lo suficientemente desarrollado el golf, es uno de los deportes con mayor número de practicantes en el mundo occidental. De hecho en España podría decirse que la mayoría de jugadores que salen a los campos de nuestro país son extranjeros debido al gran "boom" turístico que tiene en este deporte uno de sus máximos objetivos. Los campos de la Costa del Sol reciben diariamente oleadas de golfistas que llegan en vuelos charter a la búsqueda de unos "greens" que en sus países son impracticables durante los meses de invierno. No es de extrañar que Andalucía produzca unos ingresos directos del golf que rondan los veinte millones de pesetas anuales. Esta circunstancia hace que el golf sea el deporte que más dinero proporciona a España. Y si a esas cantidades sumamos la que se dejan los golfistas en hostelería y otros servicios es indudable que la rentabilidad es excelente.

Los diversos patronatos de turismo de las distintas comunidades autónomas, sobre todo en las zonas de mayor índice de visitantes extranjeros, vienen lanzando una auténtica ofensiva a lo largo de los últimos años en la promoción del golf que además atrae a un tipo de turista con posibilidades de invertir en la propiedad inmobiliaria y, como mínimo, de dejar un buen puñado de libras, marcos, coronas o francos. Se estima que un golfista extranjero en la Costa del Sol gasta cerca de veinte mil pesetas diarias, cifra que no es alcanzada por otro tipo de turismo que puede ser mayor en número pero no en cuanto a "calidad". Es habitual encontrar páginas publicitarias de nuestros campos en cualquier revista británica, alemana o nórdica y consecuentemente también es normal encontrarse en el "tee" del primer hoyo a un buen número de jugadores extranjeros esperando turno.

Curiosamente nuestros campos son más conocidos fuera de nuestras fronteras que aquí mismo y eso que algunos de esos campos están considerados entre los mejores de Europa. No obstante el "boom" del golf nacional ha estallado también en los últimos años y el número de practicantes se está extendiendo por toda la geografía hispana con la velocidad de un reguero de pólvora. Hasta no hace mucho este deporte parecía ser un tema tabú para la gran masa social y una etiqueta de elitismo, coartaba cualquier aspiración del hombre de la calle que pudiera interesarse por el juego.

Debido a la eclosión del fenómeno Ballesteros y las repercusiones que ha tenido en los distintos medios de comunicación, el español de a pie se ha enterado de la existencia del golf y paulatinamente va enterándose de que éste es uno de los deportes más completos de cuantos existen. Ya se conoce que no es un deporte de viejos sino que permite practicarlo hasta la vejez, cosa que no sucede con otras especialidades. Se sabe también que su práctica no es tan cara como la de otros deportes en los que se registra un mayor número de activistas y que les cuesta más dinero. Lo que probablemente no se conozca es el camino a seguir para meterse en esto del golf y emular las gestas de Ballesteros y compañía. Y la verdad es que en estos momentos la demanda supera ampliamente a la oferta.

En la actualidad hay unos doscientos proyectos de construcción de campos en toda España porque el gran problema de estos momentos es que no hay las suficientes instalaciones como para jugar todas aquellas personas que lo intentan. Los clubs ya existentes, sobre todo en los grandes núcleos urbanos han tenido que cerrar sus puertas debido a que no pueden dar salida a todos aquellos que desean jugar regularmente ya que la avalancha de nuevos jugadores ha sido espectacular en las últimas temporadas. Existen largas listas de espera y se han duplicado las cuotas de entrada en las diversas sociedades debido a esa avalancha. De cualquier forma los proyectos van traduciéndose en realidades y España lleva camino de convertirse en la primera potencia europea en golf en cuanto a instalaciones ya que en lo que respecta a la competición profesional ya lo es.

El fenómeno de la divulgación del golf en España, primero, y del florecimiento de licencias, campos y competiciones, más tarde, es digno de estudiar ¿Fue o no Severiano Ballesteros el gran protagonista de este espectacular «boom»? Es difícil resistirse a decir que no, puesto que la aportación del jugador cántabro al desarrollo del golf en España es importantísima. Lo sigue siendo todavía, y eso que cada vez cuesta más verle jugar entre nosotros, puesto que son muchísimas las invitaciones que tiene para disputar torneos en el extranjero.

Severiano hizo algo mucho más importante que ganar los inolvidables

Masters y Open Británico. Al igual que Goyoaga en la hípica, Nieto en el motociclismo, Santana en el tenis o Esteva en la natación, se erigió en el auténtico impulsador de una práctica deportiva hasta entonces sumida en el letargo de los tiempos. Seve provocó que los medios de comunicación siguieran con atención sus progresos en el terreno internacional y, lo que es más importante, que las autoridades se dieran cuenta de la eficacia de su "apostolado". Con Ballesteros se hizo popular un juego destinado a las clases más pudientes.

Severiano Ballesteros fue el hombre que provocó una reacción en cadena en el golf español que hizo que otros muchos jugadores se lanzaran a la aventura de los circuitos internacionales —en la acutalidad es frecuente ver competir en los torneos más prestigiosos a José María Olazábal y desde hace unos meses también actúa regularmente en Estados Unidos Miguel Ángel Martín—, que la federación iniciara un proteccionismo inimaginable hasta esa fecha y que patrocinadores de cualquier especie no le dieran la espalda a un deporte vital y en plena expansión.

En la recta final de los años ochenta, el golf se ha convertido en una enorme fuente de ingresos para el país. Las inversiones extranjeras en el terreno de este deporte son multimillonarias, hasta el extremo de ser considerado el sector como uno de los más fértiles en ingresos de divisas. Zonas de fuerte impacto turísticas como las Baleares, la Costa del Sol y en su futuro inmediato Catalunya han entendido perfectamente el mensaje recitado por Ballesteros en los últimos años y son ahora las puntas de un "iceberg" en el que se mueven cifras astronómicas.

Los propios jugadores han encontrado en el diseño de campos de juego una ocupación tan lucrativa como apasionante. Los más destacados jugadores del mundo aceptan ofertas de grandes empresas constructoras para diseñar sus campos. Desde Jack Nicklaus, cuyos campos gozan además del prestigio de su inimitable firma, hasta los representantes de esa "Armada invencible" que fundó Ballesteros para asombro de toda Europa y desespero del golf norteamericano, casi todos los campos modernos llevan el sello de un golfista de pro. Existen empresas dedicadas a ello, aunque el recurso fácil es acudir a jugadores a título individual que explican sobre un papel al arquitecto cuál sería su campo de golf ideal. El resto es poner en práctica esos deseos.

Entre los campos españoles de categoría se encuentra una larga lista de diseñadores-jugadores que encabezan Gary-Player (Golf El paraíso), Severiano Ballesteros, Robert Trent Jones y Manuel Piñero.

Otro factor que demuestra sin necesidad de más aclaraciones el progreso de este deporte en España es la aparición de nuevos profesionales con ambiciones que salen a competir en las mayores manifestaciones

golfísticas. Y en este apartado hay que hacer hincapié en la aportación femenina. Desde hace unos años España cuenta con jugadoras capaces de destacar en el campo internacional. Ya no es espejismo asistir a las actuaciones en Estados Unidos de la valiente Marta Figueras Dotti. En España hay ahora una serie de jugadoras profesionales de enorme valía que están jugando con éxito en cualquier campo de Europa. Y al frente de las mismas, nada menos que una deportista de éxito cuyo reconocimiento no ha tardado en llegar, Merie-Laure De Lorezi-Tayà, jugadora de origen francés que está ofreciendo últimamente una eficiente aportación al golf español.

Estamos, pues, en un momento de optimismo desatado en España. Los éxitos de los profesionales más distinguidos y la invasión del capital extranjero, mayoritariamente procedente de Japón, han animado un sector únicamente deseado, hasta la fecha, por la bondad del clima español y los precios sensiblemene más económicos. El problema para los aficionados que quieren aprender y suspiran con aplicarse en el "swing" como si de un Ballesteros cualquiera se tratara es que el golf ha crecido muy deprisa, y de tanta velocidad no ha habido tiempo para que surgieran más instalaciones o para que los clubs ampliaran sus límites. La situación ha derivado en un entusiasta mercado del que se aprovechan algunas sociedades que pueden elegir entre las solicitudes que poseen.

El fenómeno del crecimiento del golf en nuestro país es algo que va mucho más allá de esta práctica cada vez más habitual con los de otras empresas o servicios, nos daremos cuenta de la capital importancia de este deporte atractivo como pocos y aconsejable para todos.

Para quienes deseen iniciarse en este deporte conviene decir que el principal problema actual es la falta de campos aunque esto no será tal problema —es de esperar— en un futuro cercano debido al gran desarrollo de proyectos. No obstante no es necesario ser socio de un club para practicar el golf ya que la licencia federativa permite jugar en cualquier campo pagando la cuota diaria correspondiente. Otro de los temas que inicialmente preocupan al candidato a golfista es el equipamiento que hay que utilizar y a este respecto hay que decir que, en lo referente al vestuario, lo más importante son los zapatos. No es necesario que sean los típicos zapatos de golf con clavos en las suelas, basta con que éstas puedan dar una buena estabilidad sobre terrenos irregulares en los que probablemente se encuentra humedad o incluso barro.

Los palos tienen unos precios muy variables. Un juego completo puede alcanzar en el mercado una gama de precios muy amplia de manera que siempre haya una posibilidad para cada bolsillo. Los más caros pueden costar cerca del medio millón de pesetas pero en estos casos límite

se trata más bien de artículos de lujo que no de un equipamiento deportivo normal; ni siquiera los grandes profesionales llevan en sus bolsas
palos de esas características. Hay que tener en cuenta además que el
palo de golf es un artículo duradero por lo que su vida es muy superior
a la de otros artículos deportivos que se deterioran con el uso o que
simplemente pasan de moda. En cualquier campo pueden verse piezas
de auténtico museo cuyo valor se incrementa con el paso de los años
y sus prestaciones no disminuyen con el tiempo de ahí que sea normal
ver maderas, putters y otros palos con más de treinta años de antigüedad que pasan de padres a hijos. Es muy importante y muy a tener en
cuenta para el nuevo practicante el mercado de segunda mano, ya que
los precios son mínimos y el rendimiento del material idóneo. En cualquier caso no es recomendable hacer una inversión importante en palos hasta no haber alcanzado una técnica adecuada. En este aspecto sucede como con los nuevos conductores: es más aconsejable iniciarse
con un utilitario que no con un fórmula 1 y en golf el que más y el que
menos ha comenzado a rodar con un 600. Tampoco es necesario tener
un juego completo de palos para dar los primeros pasos, basta con los
más elementales para iniciarse y poder afrontar los primeros hoyos. Puede
decirse que en el primer año de práctica de este deporte sobra peso en
la mayoría de las bolsas —en algunas sigue sobrando con el paso de
los años pero éste es ya otro tema.

LOS PALOS Y SUS PRESTACIONES

El máximo de palos que pueden llevarse en una bolsa durante una
competición es de catorce y el juego más habitual es el compuesto por
tres maderas, diez hierros y el putter. La diferencia entre maderas y hierros es evidente al observarlos: las maderas tienen una cabeza más vo-
luminosa generalmente de madera —de ahí el nombre— aunque paulatinamente se van imponiendo las "maderas" de cabeza metálica. En
lo que respecta al juego la diferencia entre unas y otros es la distancia
que alcanzan: las maderas rebasan los doscientos metros y los hierros
con las caras más abiertas se emplean para el juego más corto o golpes
de habilidad mientras que el putter se usa básicamente sobre el green.

Los factores que diferencian a un hierro de otro son los grados de
inclinación de la cara del palo, respecto a la imaginaria línea vertical que
surge del suelo, y la longitud de la varilla. La numeración viene dada
por esos factores y va del 12 al 9. El hierro 1 tiene una inclinación —
"loft" en el argot golfístico— de unos 17 grados, la longitud de la varilla
es de 98,75 centímetros aproximadamente y la distancia que se alcanza
es de doscientos metros. El hierro 2 tiene un loft de 20 grados, una longitud de varilla de 97,50 cm. y alcanza los 190 metros. El hierro tres

PALOS DE MADERA

PALOS DE HIERRO

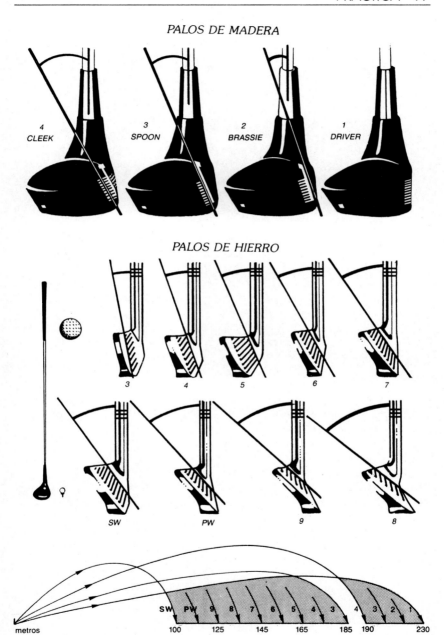

tiene un loft de 24 grados, una longitud de 96,25 cm. y envía la bola a 180 metros.

Como puede apreciarse con estos ejemplos se mantiene una progresión en cada hierro en lo que respecta a sus medidas y su alcance, una progresión que es regular hasta llegar al hierro 9 aumentando en unos 4 grados de loft, disminuyendo 1,25 centímetros la longitud de la varilla y reduciendo en unos 10 metros la distancia que se alcanza de palo a palo. La longitud de las varillas y la distancia a conseguir pueden variar según la complexión física del jugador —no pueden utilizar la misma longitud de varilla un jugador de 1,90 m de estatura que otro de 1,60 m. por ejemplo—. Con estas características es evidente que el jugador debe tener una serie de referencias importantes en cuanto a la distancia que le falta para llegar al objetivo de manera que pueda elegir el palo más adecuado. Genéricamente hay que apuntar que el recorrido de la bola con las maderas y los hierros más largos es superior y su trayectoria más baja, mientras que con los cortos la distancia alcanzada es inferior y el camino seguido por la bola es más elevado.

En un juego de palos hay tres maderas básicas: el driver o madera 1 que se emplea esencialmente para salir de "tee" teniendo la bola "pinchada", es decir sobre la pequeña peana o "tee" —es el mismo nombre que indica el lugar de salida de cada hoyo— ya que el loft de este palo y la longitud de su varilla hace que su manejo sea muy complicado sobretodo para los novatos. La madera 3 es la denominada madera de calle y es utilizada —además de en el "tee" cuando no se requiere alcanzar una distancia tan larga como con el driver— para golpes de larga distancia desde la calle o sobre un terreno propicio que no tenga demasiadas irregularidades para hacer un buen impacto. La otra madera más habitual entre los golfistas es la 5, de cara bastante más abierta suele utilizarse también para largas distancias sobretodo sino se ejecuta el golpe desde la calle sino desde un terreno con mayores dificultades o simplemente con hierba más alta ya que la inclinación de la cara del palo permite una mejor entrada a la bola salvando la hierba que puede obstruir el acceso limpio. La distancia que se alcanza con esta madera es similar a la que se puede lograr con un hierro 3.

Probablemente el hierro más difícil de jugar sea el hierro 1. No es normal verlo en las bolsas de los jugadores aficionados aunque es habitual entre los profesionales que le sacan un tremendo rendimiento sobre todo en calles estrechas y con la presencia de viento. Con este hierro se alcanzan los doscientos metros y la bola sigue una trayectoria baja que es la idónea cuando se juega con el viento en contra. En el campo amateur suele decirse que siempre hay que desconfiar del jugador que lleva un hierro 1 en su bolsa: o es muy bueno y hay que pensárselo dos veces si se cruza alguna apuesta, o se cree mucho mejor de lo que es.

Para el juego corto hay dos palos característicos: el wedge y el blaster. El primero —wedge o pitching wedge— se utiliza generalmente en los golpes de aproximación —aproach— desde distancias inferiores a los cien metros. Su loft es muy abierto —52 grados— y permite todo tipo de golpes elevados y de corta distancia. Por su parte el blaster —también denominado sand wedge— es el palo con la cara más abierta y que da una mayor elevación a la bola, suele utilizarse en distancias inferiores a los ochenta metros y sobretodo desde los bunkers o trampas de arena ya que la apertura de su cara permite que ésta pase por debajo de la bola impulsando la arena que a su vez arrastra a la bola fuera del obstáculo.

Estos son, en líneas generales, los palos que se utilizan para la práctica del golf y las prestaciones que rinden, su buen uso depende ya de la técnica que posea el jugador. Una de las características que llama la atención al no iniciado de los palos son esas estrías que tienen en la cara. Su función es la de controlar el impacto de la bola de forma que siga una trayectoria regular respondiendo al efecto que se haya pretendido dar a la bola gracias a una mayor adherencia de la cara del palo a la bola en el impacto. Las estrías, cuya forma y longitud milimétrica están rigurosamente estipuladas en el reglamento, están en todos los palos a excepción del putter. Éste también tiene otras características diferenciadoras respecto al resto del "armamento" como el grip o empuñadura que en los otros palos debe ser obligatoriamente circular y la situación de la cabeza respecto a la varilla que en el putter no ha de estar en línea con el talón. El putter es el palo que más variaciones admite y puede considerarse que es el más importante —al menos el más decisivo— ya que el número de golpes que se dan con él es prácticamente la mitad de los que se emplean en un recorrido. Además en su utilización vuelve a jugar un papel importantísimo el factor psicológico de ahí que incluso entre las grandes estrellas de este deporte los cambios de putter están a la orden del día en función del estado anímico del jugador.

LAS TRAMPAS DEL CAMPO DE JUEGO

Una vez que el nuevo golfista tiene su juego de palos y está decidido a comenzar la nueva aventura, después de haber pasado por el campo de prácticas y las manos de los pacientísimos instructores, hay que salir al campo. No es en absoluto recomendable dar este paso sin tener la base suficiente ya que la primera experiencia puede ser nefasta y de plena frustración pudiendo parecer que todo lo que se ha hecho hasta ese momento no ha servido para nada ya que el panorama es totalmente distinto que el que se ha vivido en el campo de prácticas. Si hay una buena preparación las sensaciones al dar un buen golpe son de una satisfacción que raya con la felicidad más absoluta.

Normalmente los campos de golf cuentan con dieciocho hoyos aunque esto no sea una norma; en todo caso lo es para las competiciones pero no para la práctica normal. En el trazado de un campo se procura que haya la más amplia variedad de características que impliquen una mayor expansión del tipo de juego a desarrollar teniendo siempre en cuenta las propias características del terreno sobre el que se ha plasmado el campo. Los que están situados junto al mar reciben el nombre de links, término con el que generalmente se identifica a los típicos campos de Gran Bretaña situados junto a las costas y que suelen ser terrenos arenosos con pocos o ningún árbol y sí abundantes matorrales. Los campos del interior son más ricos en arbolado y los modernos, que toman como patrón a los campos americanos suelen tener muchos obstáculos de agua y una vegetación variada con todo tipo de especies, siempre sin olvidar las características propias de la zona y sus condicionantes ambientales.

Quienes están al cuidado de un campo de golf, sobre todo en España, deciden que existen tres problemas básicos a la hora de su mantenimiento: el primero es el agua, el segundo el agua y el tercero también el agua. Sin el líquido elemento es impensable mantener un campo en condiciones para soportar el paso de centenares de golfistas cada semana.

En un hoyo el primer lugar que se visita es el "tee" o zona de salida en el que existen unas marcas desde las cuales ha de jugarse el primer golpe, el único en el que está permitida la utilización del "tee" o peana para elevar la bola sobre el terreno. Si el golpe ha sido bueno se irá a parar a la calle que es la zona que señala el camino recto y en la que la hierba se encuentra en mejores condiciones para que sobre ella descanse limpiamente la bola favoreciendo una buena ejecución del siguiente golpe. Los anglosajones denominan a la calle "fairway" o buen camino, término que indica con mayor exactitud las cualidades de la zona. Si la bola sale desviada —que es lo más normal en cualquier caso— irá a parar al "rough" que es la zona que rodea la calle y en la que la hierba no está tan cuidada. En algunos campos el rough puede ser una zona insalvable bien por la desmesurada altura de la hierba, por su testura y espesor, o por poseer otros obstáculos naturales como pueden ser matorrales, arboledas, pedregales o cualquier otra irregularidad natural del suelo. El objetivo en un hoyo es alcanzar el "green" en el menor número de golpes posible. El "green" es una plazoleta cuya hierba está cortada milimétricamente de manera que asemeja una mesa de billar sobre la que se encuentra un hoyo propiamente dicho que es el objeti-

vo final. Hay que decir que sobre el "green" la posición del hoyo se cambia regularmente —a diario en las competiciones— lo que da siempre un mayor grado de dificultad.

Además de estas zonas vitales en un hoyo se encuentran una serie de obstáculos que "amenizan" el juego. Uno de los más característicos son los bunkers o trampas de arena que están estratégicamente situados en las zonas sobre las que se supone puede caer la bola en determinados golpes. Es habitual encontrar bunkers de calle localizados a la altura de donde cae la bola tras el primer golpe desde el "tee" y, por supuesto, alrededor de los "green", protegiéndolos a su entrada, en los laterales o incluso pasado el "green". El bunker no es un invento moderno ya que inicialmente eran obstáculos naturales en los campos escoceses: eran las primitivas hondonadas arenosas en las que los pastores, se protegían con el ganado de los rigores del invierno. En Escocia muchos campos se caracterízan por la gran abundancia de estas trampas ante la carencia de arbolado. Los hay extensos como playas y pequeños y traicioneros como tumbas de los que no es nada sencillo salir debido a su profundidad y al poco espacio que suele haber para hacer el "swing". En los campos modernos que no saben del paso de los pastores la sofisticación se traduce en materiales sintéticos que sustituyen a la arena, dando al campo, además, unos toques estéticos cada vez más apreciados

Los obstáculos de agua son también de los más temidos por cualquier golfista. Hay campos que son auténticas pesadillas por que el agua es una constante en todos los hoyos, especialmente en Estados Unidos, país en el que es dificilísimo encontrar un campo que no tenga agua al menos en la mitad de su recorrido. En los últimos diez años es difícil que no se construya un campo americano en el que al menos un hoyo, sobre todo de par tres, cuyo "green" no sea una auténtica isla.

En función de las distancias y de la dificultad de cada hoyo se establece el par del campo que en 18 hoyos suele ser alrededor de 72 golpes. No todos los hoyos siguen un trazado recto, los hay que hacen curvas en su camino de manera que no se ve la bandera desde el "tee". Este tipo de hoyo se denomina "dogleg" o pata de perro y representan una dificultad adicional que se utiliza por los diseñadores expresamente cuando se trata de hoyos no demasiado largos o simplemente para aprovechar las particularidades del terreno y de su vegetación. Hay campos que son prácticamente planos y los hay con tremendas irregularidades orográficas que requieren del jugador una preparación física más consistente a la vez que una mayor variedad de golpes. Unas estacas blancas cerca de un hoyo indican el fuera de límites, una zona desde la que no se puede jugar y que, si se accede a ella, hay penalidad teniendo que volverse a jugar la bola desde donde se lanzó en un principio. Este es otro de los obstáculos más temidos por los jugadores.

En definitiva, los diseñadores de campos de golf pueden aparentar ser auténticos enemigos de los golfistas pero bien estudiado cada campo puede decirse que lo que tratan no es de humillar al jugador sino exigirle más en cada momento proporcionándole una mayor variedad de dificultades y aunque cada campo tenga algún hoyo tonto la diversidad es una de las bases del trazado.

HAY QUE SABER INGLÉS

Otro de los aspectos que más puede sorprender a quien trata de iniciarse en este deporte es la terminología. Las palabras utilizadas provienen del inglés rancio que en ocasiones poco tiene que ver con el actual y que normalmente reflejan características o situaciones que en algunos casos no son extrapolables del golf. He aquí algunos de los términos más habituales:

Albatros: Hacer un hoyo en tres golpes menos del par que tiene establecido.

Approach: Golpe de aproximación, normalmente desde una distancia inferior a los ochenta metros.

Backspin: Efecto de retroceso por el que la bola una vez ha botado sobre el terreno regresa en sentido opuesto al de su vuelo.

Barras: Marcas situadas en el "tee" para indicar las zonas de salida. Son blancas y amarillas para hombres y rojas o azules para mujeres.

Birdie: Hacer un hoyo en un golpe menos que su par.

Blaster: El palo con la cara más abierta para dar golpes de mayor elevación y sobre todo para jugar desde las trampas de arena.

Bogey: Hacer un hoyo en un golpe más que su par.

Bunker: Trampa de arena. Cuando se juega desde bunker no puede apoyarse el palo sobre el suelo.

Caddie: Asistente del jugador y única persona que puede aconsejarle durante la competición.

Caida: Las inclinaciones que tiene el green o bien la zona sobre la que descansa la bola fuera del tee.

Cañazo: Golpe defectuoso al impactar la bola con la base de la varilla.

Corbata: Acción de la bola al tocar el hoyo sin caer a su interior.

Chip: Golpe desde unos treinta metros como mucho en el que la bola vuela en la primera parte del recorrido para rodar hacia el objetivo a continuación.

Chuleta: Sección de hierba que se levanta al dar un golpe.

Dormie: En la competición Matchplay se dice que está dormie el jugador que lleva una ventaja de hoyos igual a los que faltan por disputar.

Driver: Madera uno. El palo con el que se alcanza mayor distancia.

Dropar: Dejar caer la bola con la mano a la altura del hombro para reponerla en una zona distinta a la que había caído.

Draw: Efecto por el cual la bola sale recta hacia el objetivo pero en la última parte de su recorrido gira levemente hacia la izquierda.

Eagle: Hacer un hoyo en dos golpes menos de su par.

Estacas: Indican los obstáculos según su color: blancas, fuera de límites. Azules, terreno en reparación. Rojas, agua lateral. Amarillas, agua frontal.

Fade: Efecto por el que la bola sale recta hacia el objetivo pero en el último tramo gira hacia la derecha.

Fairway: Calle.

Filazo: Golpe defectuoso que resulta al impactar la bola con el filo interior de la cara del palo.

Finish: Fase concluyente del swing.

Flat: Swing de trazado plano.

Follow through: Fase del swing posterior al impacto.

Green: Zona en la que se encuentra el hoyo propiamente dicho cuyo terreno está más cuidado que en el resto del hoyo.

Green fee: Tarifa que se paga en un campo por jugar un recorrido.

Green keeper: Responsable del mantenimiento del campo.

Grip: Empuñadura del palo o bien forma que adoptan las manos para empuñarlo.

Handicap: Ventaja de golpes que se da a un jugador respecto al par del campo en función de su pericia. En España el handicap máximo para hombres es 28, para ser profesional no se tiene handicap o se tiene handicap 0.

Hazar: Obstáculo.

Hole in one: Hoyo en uno.

Honor: Prioridad en el juego. En una competición sale del tee en primer lugar el jugador que ha hecho mejor resultado en el hoyo anterior o anteriores.

Hook: Efecto por el que la bola sigue una trayectoria de derecha a izquierda.

Iron: Hierro.

Lie: Caida.

Loft: Grado de inclinación de la cara del palo.

Match play: Fórmula de juego por hoyos en la que no se contabilizan el total de golpes en un recorrido sino los hoyos que gana un jugador a otro.

Medal: Fórmula de juego en la que se contabiliza el número de golpes al final del recorrido estipulado.

Mulligan: En partidos informales, repetir el primer golpe del primer hoyo no contabilizando el original.

Pitch: Tipo de golpe en el juego corto en el que la bola lleva una trayectoria elevada.

Pro-Am: Competición mixta en la que los equipos están compuestos por jugadores profesionales y amateurs. Normalmente un profesional con varios amateurs.

Puntazo: Golpe defectuoso que resulta al impactar la bola con la punta de la cara del palo.

Puro: Putt embocado desde larga distancia.

Putt: Golpe con el putter, generalmente dentro de green.

Putter: Palo singular para jugar sobre green sin que la bola adquiera ningún tipo de elevación, simplemente rueda hacia el objetivo.

Putting green: Green de prácticas.

Rabazo: Golpe desastroso, del tipo que sea, incluso un golpe al aire que no llega a tocar la bola pero que también cuenta aunque algunos no lo crean.

Rough: Terreno junto a la calle con hierba más alta y otros obstáculos.

Sand wedge: Blaster.

Skin game: Modalidad de juego en la que cada hoyo tiene un premio que se lleva el jugador que lo haga en el menor número de golpes. Si hay empate el premio se acumula para el hoyo siguiente y así sucesivamente.

Slice: Efecto por el que la bola sigue una trayectoria de izquierda a derecha.

Socket: También llamado salto de rana. Golpe defectuoso normalmente en el juego corto por el que el palo apenas golpea a la bola clavándose en el suelo y recorriendo una mínima distancia la bola.

Sonrisa: Muesca hecha en la bola a consecuencia de un mal golpe.

Stance: Colocación del jugador ante la bola para ejecutar el golpe.

Starter: Persona que da la salida en el "tee" del hoyo uno para seguir el orden de juego establecido.

Swing: Base de la técnica del golf. Balanceo del cuerpo blandiendo el palo para ejecutar correctamente el golpe.

Talón: Parte de la cabeza del palo situada al final de la varilla.

Tee: Zona de salida en un hoyo. También peana sobre la que puede reposar la bola en el primer golpe de cada hoyo únicamente.

Topar: Golpe defectuoso resultante de golpear la bola en su parte superior haciendo que salga rasa.

Wedge: Nombre genérico para los palos usados en el juego corto pitching wedge y sand wedge —también blaster— caracterizados por su cara abierta que penetran más fácilmente en terrenos de hierba espesa y arenosos y dan a la bola mayor elevación.

Yip: Tic nervioso en las manos a la hora de empuñar el putter.

La terminología es mucho más amplia aunque con los vocablos reseñados ya puede uno comprender lo suficiente cuando se habla de este deporte. Como se habrá podido apreciar apenas existen palabras que identifiquen situaciones agradables, la mayoría de términos describen errores y fallos que, en definitiva, están a la orden del día en cualquier golfista que se precie. El virtuosismo en este deporte es cosa de muy pocos porque el golf es la menos exacta de las ciencias que se conocen.

CARACTERÍSTICAS GENERALES DE LOS PALOS

Palos de Madera			
Nombre del palo	Longitud varilla	Inclinación cara	Distancia
Driver (M1)	107,50 cm.	10°	230 m.
Brassie (M2)	106,25 cm.	13°	215 m.
Spoon (M3)	105 cm.	16°	200 m.
Cleek (M4)	103,75 cm.	19°	190 m.
Baffy (M5)	102,50 cm.	22°	180 m.
Madera 7	100 cm.	28°	170 m.

Palos de Hierro			
Nombre palo	Longitud varilla	Inclinación cara	Distancia
Driving Iron (H1)	98,75 cm.	17°	200 m.
Mid Iron (H2)	97,50 cm.	20°	190 m.
Mid Mashie (H3)	96'25 cm.	24°	180 m.
Mashie Iron (H4)	95 cm.	28°	170 m.
Mashie (H5)	93,75 cm.	32°	160 m.
Spade Mashie (H6)	92,50 cm.	36°	150 m.
Mashie Niblick (H7)	91,25 cm.	40°	140 m.
Pitching Niblick (H8)	90 cm.	44°	130 m.
Niblick (H9)	88,75 cm.	48°	120 m.
Wedge (PW)	88,75 cm.	52°	100 m.
Blaster (SW)	88,75 cm.	56°	80 m.

EL ALBUM DE LOS MITOS

AOKI, ISAO / *Japón* / *Abiko Chiba* / *1942.*
Es el mejor jugador de la historia del golf en Japón. Profesional desde 1964, tardó siete años en ganar su primer torneo; en la actualidad ha conquistado cincuenta y cinco campeonatos en cuatro continentes. De sus triunfos destaca el Campeonato del Mundo Match Play en 1978 y el Open de Hawaii de 1983, en el que alcanzó el éxito gracias a un "eagle" en el último hoyo que le permitió sacar un golpe de ventaja sobre el hasta entonces líder. Desde 1981 está enrolado en el Tour americano.
Palmarés. *Vencedor del Mundial Match-Play en 1978.*

AZINGER, PAUL / *USA* / *Holyoke* / *1960.*
Una de las revelaciones de los dos últimos años. Azinger tuvo que pasar por la escuela de clasificación para el Tour USA en tres ocasiones, la última en 1984. Pero desde entonces se ha convertido en todo un ejemplo para la nueva generación de golfistas. En 1979 tuvo en sus manos el Open Británico que finalmente conquisto Nick Faldo haciendo el par en los 18 hoyos de la última vuelta. Al año siguiente fue segundo también en el campeonato de la PGA. En 1986 y 1987 fue el mejor jugador desde "bunker" en Estados Unidos y este último fue nombrado Jugador del Año por la PGA norteamericana.
Palmarés. *Segundo en el Open Británico de 1979 y en el Campeonato de la PGA de 1980.*

BALLESTEROS, SEVERIANO / *España* / *Pedreña (Cantabria)* / *1957.*
En los últimos diez años Ballesteros se ha erigido en el número uno mundial de este deporte. Comenzó a jugar en su Pedreña natal cuando apenas contaba seis años. Diez más tarde ya era profesional y a los diecinueve saltaba a la primera plana de la prensa mundial al encabezar el Open Británico durante las tres primeras jornadas. Desde entonces ha ganado cerca de un centenar de torneos en los cinco continentes, entre ellos cinco del Gran Slam, tres Open Británicos (1979, 1984 y 1988), y dos Masters (1980 y 1983), cuatro veces el Mundial Match Play, dos veces la Ryder Cup y la Copa del Mundo. Intratable en Europa, idolatrado en el lejano oriente y el hombre más respetado y temido en los campos americanos, Severiano no solamente ha dado a conocer el golf en España, sino que lo ha catapultado en Europa frente al tradicional dominio americano. Ha convertido al golf en espectáculo y aventura y es el hombre con mayor capacidad para "inventar" golpes.
Palmarés. *Vencedor del Open Británico en 1979, 1984 y 1988 y del Masters en 1980 y 1983.*

BROWN, KEN / *Inglaterra* / *Harpeden* / *1957.*
Desde hace seis temporadas milita en el Tour americano aunque sus incursiones en el europeo le han sido productivas. Ha formado parte del equipo europeo de la Ryder Cup en cinco ediciones, ganando las dos últimas. Su primer triunfo en Estados Unidos llegó en el Southern Open de 1987. Es uno de los hombres más consistentes en el viejo continente.
Palmarés. *Componente del equipo europeo ganador de la Ryder Cup en 1985 y 1987.*

BRAID, JAMES / *Escocia* / *1870-1950.*
Fue uno de los hombres que más popularizó el golf en el Reino Unido antes de la Primera Guerra Mundial. Conquistó el Open Británico en cinco ocasiones (1901, 1905, 1906, 1908 y 1910). En sus inicios fue un jugador irregular y la leyenda dice que su juego cambió cuando un día encontró casualmente dos palos: un "driver" y un "put" de aluminio con los que consiguió sus más sónoros éxitos.
Palmarés. *Vencedor en cinco ocasiones del Open Británico (1901, 1905, 1906, 1908 y 1910).*

CAÑIZARES, JOSE MARIA / *España* / *Madrid* / *1947.*
Profesional desde 1967, este madrileño es uno de los más genuinos representantes de la "Armada Invencible" del golf español que en las dos últimas décadas ha hecho que este deporte no sea una cuestión exclusivamente británica. Ha sido miembro de la Ryder Cup en tres ocasiones y en siete ha disputado la Copa del Mundo, que ha conquistado dos veces (con Piñero 1982 y con Rivero en 1984); en ésta última edición fue campeón individual. En el circuito europeo tiene dos récords: 27 golpes (nueve bajo par) en nueve hoyos conseguidos en el Open de Suiza de 1978 y el de mayor número de "birdies" en 18 hoyos, ya que en el mismo torneo, pero en la edición de 1986, logró 11.
Palmarés. *Dos veces ganador de la Copa del Mundo, en 1984 a título individual y por equipos.*

CHEN, TZE-CHUNG / *Taiwán* / *Taipé* / *1958.*
Comenzó a jugar a los diecisiete años y cinco más tarde ya era profesional en el Tour asiático. Posteriormente, en 1983, se enroló en el americano, en el que es uno de los jugadores más queridos por el público, sobre todo desde que en 1985 fue líder en el Open de Estados Unidos, batiendo el récord del campo en la primera jornada; se le escapó el triunfo en la última al entregar una tarjeta de 77 golpes que le relegó a la segunda plaza, a un golpe del campeón.
Palmarés. *Segundo en el Open de Estados Unidos de 1985.*

COTTON, HENRY / *Inglaterra* / *1907-1987.*
Ganador del Open Británico en tres ocasiones (1934, 1937 y 1948). En su primer y tercer triunfo batió el récord del campo. A no ser por la Segunda Guerra Mundial pudo haber conseguido más victorias. Fue el último británico en ganar el Open hasta el triunfo de Tony Jacklin en 1969 y uno de los hombres que más luchó por sus compañeros de profesión. Tras ganar, en 1946, el Open de Francia y ver la cantidad que señalaba el cheque dijo públicamente que aquello era un insulto para los profesionales de este deporte, que se merecían más. Pocos días después de su fallecimiento fue nombrado conde a título póstumo. Fue el primer golfista que recibió tal título.
Palmarés. *Ganador del Open Británico en 1934, 1937 y 1948.*

CRENSHAW, BEN / *USA* / *Austin* / *1952.*
Profesional desde 1973, es uno de los mejores golfistas de las dos últimas décadas. Tras una brillante carrera en el campo amateur en su primer año como profesional ya consiguió un triunfo en el circuito USA. Su éxito más destacado fue la consecución del Masters en 1984. Al año siguiente tuvo una temporada desastrosa debido a una dolencia tiroidal de la que se recuperó al cabo de unos meses. Le llaman el "Poulidor del golf" debido a sus excelentes clasificaciones y abundantes segundos puestos, sin que haya conseguido tantos triunfos como se merece. Lleva conseguidos catorce torneos en el Tour y ha participado en tres ediciones de la Ryder Cup. En 1988 conquistó la Copa del Mundo por equipos y de forma individual.
Palmarés. *Ganador del Masters en 1984 y de la Copa del Mundo en 1988.*

COLES, NEIL / *Inglaterra* / *Londres* / *1934.*
Miembro del Imperio Británico, Coles ha conseguido 31 victorias en el Tour Europeo entre 1956 y 1982; la última fue precisamente en el Open Sanyo celebrado en Sant Cugat. Es el más veterano de los jugadores del Tour y forma parte del consejo directivo de la PGA. Además de conquistar torneos entre los seniors de vez en cuando prodiga excelentes actuaciones entre los hombres del momento, tal y como demostró en el Volvo Masters de Valderrama, en el que ocupó la decimoquinta posición. A no ser por su pavor a los viajes en avión hubiera prodigado más sus actuaciones en el continente y a buen seguro hubiese conseguido más victorias.
Palmarés. *Vencedor del Open Sanyo de 1982.*

FALDO, NICK / *Inglaterra* / *Hertfordshire* / *1957.*
Faldo es también Miembro del Imperio Británico y el primer inglés en conseguir el Open desde que lo hiciera Tony Jacklin. Profesional desde 1976, Nick probó fortuna en el circuito USA en el que conquistó un torneo en 1984. Dos años después entró en una crisis de juego que le hizo ponerse en manos de David Leadbetter para cambiar radicalmente su "swing". El resultado no se hizo esperar y en 1987 conquistó su primer título grande: el Open Británico. En 1988 tuvo oportunidad de conseguir el Gran Slam, ya que en los cuatro torneos tuvo opción al título, pero su segundo gran golpe fue el logro del Masters de 1989 viniendo desde atrás y entregando una brillante tarjeta de 65 golpes. Con Ballesteros y Lyle forma la trilogía del golf europeo actual.
Palmarés. *Vencedor del Open Británico en 1987 y del Masters en 1989.*

FLOYD, RAY / *USA* / *Fort Bragg* / *1942.*
Es uno de los veteranos del Tour Américano, en el que ha conseguido 21 victorias de las que hay que destacar el Masters de 1976, dos campeonatos de la PGA (1969 y 1982) y un Open de Estados Unidos (1986), conseguido éste a sus 43 años, lo que le convirtió en el más veterano jugador en ganar este torneo. En su brillante carrera únicamente le ha faltado ganar el Open Británico para completar el Gran Slam. Floyd en su juventud se sintió más atraído por el béisbol pero la consecución de un torneo amateur de golf a los dieciocho años hizo que se decidiera finalmente por este deporte.
Palmarés. *Ganador del Masters de 1976, de dos campeonatos de la PGA (1969 y 1982) y del Open de Estados Unidos de 1986.*

GREEN, HUBERT / *USA* / *Birmingham* / *1946*.
Se pasó al campo profesional a los 24 años y en su primera temporada ganó el Open de Houston. Sus mayores éxitos son el Open USA de 1977 y el PGA de 1985, en el que se impuso a Lee Trevino tras partir el último día con dos golpes de desventaja. Ha logrado un total de 19 torneos en el circuito americano, a los que hay que añadir el Open de Irlanda (1977) y el Dunlop Phoenix de Japón dos años antes. Ha formado parte del equipo americano de la Ryder Cup en tres ocasiones.

Palmarés. *Vencedor del Open de Estados Unidos de 1977 y del Campeonato de la PGA de 1985.*

HAGEN, WALTER / *USA* / *1892-1969*.
Fue el primer americano que consiguió ganar el Open Británico. Poseedor del Gran Slam (antes de la existencia del Masters) y un carácter que ha pasado a la historia. Cuando fue a jugar su primer Británico en 1920 y se le dijo que en los clubs ingleses no estaba permitida la entrada de los profesionales a la casa-club, alquiló un Rolls Royce y se vistió a la última moda para entrar en el restaurante, en el que pidió salmón ahumado, caviar y champán. Impresionó lo suyo pero quedó el último en el torneo. Dos años más tarde lo conquistó y tuvo otro gesto del que todavía se habla: al recibir el cheque y ver lo poco que cobraba por el campeonato se lo dio a su "caddy" ante la mirada atónita del público. Hagen ganó cuatro veces el Open Británico (1922, 1924, 1928 y 1929), dos el Open USA (1914 y 1919) y cinco la PGA (1921, 1924, 1925, 1926 y 1927). Fue un ganador nato que asombró a todo el mundo por sus increíbles golpes desde las posiciones más difíciles. Además fue capitán-jugador del equipo USA de la Ryder Cup entre 1927 y 1935. En la siguiente edición (1937) fue capitán no jugador y se anotó el primer triunfo del equipo americano en suelo británico.

Palmarés. *Vencedor en cuatro ocasiones del Open Británico, en dos del Open de Estados Unidos y en cinco del Campeonato de la PGA.*

HOGAN, BEN / *USA* / *1912*.
Uno de los poseedores del Gran Slam gracias a sus triunfos en los cuatro grandes: Open Británico (1953), Open USA (1948, 1950, 1951 y 1953), PGA (1946 Y 1948) y Masters (1951 y 1953). Seis de estos títulos fueron conseguidos por Hogan cuando todo el mundo pensaba que ya no volvería a jugar al golf después del grave accidente de coche sufrido en 1949,

en el que milagrosamente no perdió la vida. Lejos de severas recomendaciones médicas en el momento que abandonó el hospital se dedicó a entrenar clandestinamente y su regreso fue apoteósico, ganado el Open USA de 1950 en un reñido "play-off" con George Fazio y Lloyd Mangrum. En América le llamaban "el halcón", por considerársele un auténtico depredador en el campo, y en Europa se le conoció como "el hombre de hielo" por su celo en guardar su vida privada y su constante negativa a firmar autógrafos. A pesar de ello era el más admirado de su época.

Palmarés. *Ganador de dos Masters, dos Campeonatos de la PGA, un Open Británico y cuatro Open de Estados Unidos.*

KITE, TOM / *USA* / *Austin* / *1949*.
Kite puede pasar a la historia de este deporte por no haber ganado nunca un torneo de los grandes a pesar de haber sido uno de los mejores golfistas de las últimas décadas. En su haber tiene una decena de victorias en Estados Unidos, en cuyo circuito es uno de los hombres a batir en cualquier torneo. Fue el cuarto hombre en rebasar los cuatro millones de dólares en ganancias y ha sido un fijo en el equipo de la Ryder Cup en las últimas cinco ediciones.

Palmarés. *Vencedor del Mony Tournement of Champions de 1985. Western Open 1986.*

JONES, BOBBY / *USA* / *Atlanta* / *1902-1971*.
Robert Tyre Jones Junior ha sido el mejor jugador amateur de toda la historia de este deporte. Entre 1923 y 1930 ganó tres veces el Open Británico y cuatro el de Estados Unidos. Pero a estas victorias sobre los mejores profesionales de la época hay que sumar seis más en los mismos campeonatos versión amateur. El gran mérito de Jones fue ganar a los monstruos sin apenas competir, ya que él prefería jugar partidos informales con sus amigos que no enrolarse en el mundo profesional. Apenas calentaba antes de salir al campo, como si fuera un dominguero cualquiera. Cuando conquistó su primer Británico (1926) fue recibido en Nueva York como un héroe por la Quinta Avenida y su rostro apareció en los sellos postales. Volvió a ganar en las islas en 1927 y 1930. El Open USA lo conquistó en 1923, 1926, 1929 y 1930. Este último año conquistó lo que entonces era considerado como el Gran Slam, ambos campeonatos más sus correspondientes amateurs. Con esos cuatro triunfos en un mismo año, récord que probablemente no se alcance jamás, Jones decidió retirarse. Tenía tan sólo 28 años. Además

de por esa inigualable trayectoria, Bobby Jones ha pasado a la historia por ser el creador del Masters y el artífice del mejor campo de golf del Mundo: el Augusta National.

Palmarés. *Vencedor del Open de Estados Unidos en 1923, 1926, 1929 y 1930 y del Open Británico de 1926, 1927 y 1930.*

LANGER, BERNHARD / *Alemania* / *Anhausen* / *1957.*

Hijo de un refugiado checo, es el máximo exponente actual del golf centroeuropeo. Langer ha conseguido 18 victorias en el circuito continental y también ha salido triunfador en otros tres continentes. Su mayor triunfo llegó en 1985 al conquistar el Masters, erigiéndose en el segundo europeo, —antes fue Ballesteros— que lograba esa hazaña. Ha sufrido en varias ocasiones los temidos "yips" que hacen temblar sus manos a la hora de patear: el ejemplo más dramático de esta circunstancia fueron los cinco "putts" que necesitó para embocar la bola en el Open Británico de 1988 en el hoyo 18 (hizo 80 golpes durante su última ronda). Recuperado de esos temblores, puede ganar cualquier torneo.

Palmarés. *Vencedor del Masters de 1985.*

LOCKE, BOBBY / *Suráfrica* / *1918-1987.*

Uno de los "desarraigados" que se metieron entre los grandes ídolos americanos o británicos, arrebatándoles impprtantes triunfos. En Estados Unidos ganó siete torneos en 1947 sin recibir las ayudas a modo de primas de salida que tenían los jugadores locales. Era considerado como uno de los hombres más meticulosos y lentos de los que se hayan podido ver en un campo de golf y conquistó cuatro veces el Open Británico (1949, 1950, 1952 y 1957).

Palmarés. *Ganador del Open Británico en cuatro ocasiones.*

LYLE, SANDY / *Inglaterra* / *Shrewshury* / *1958.*

Miembro del Imperio Británico. Nacido y residente en Inglaterra, siente como el que más sus raíces escocesas. En su segunda temporada en el circuito europeo ganó tres torneos convirtiéndose en la gran esperanza del golf británico junto a Faldo. Su espaldarazo llegó en 1985 al ganar el Open Británico y su mayoría de edad fue alcanzada al convertirse en el primer británico que conquistó el Masters (1988), lo que hizo con un increíble "birdie" en el último hoyo de Augusta que además culminaba una racha americana en la que logró

tres torneos en dos meses. Completó el año con el Masters Británico y el Campeonato del Mundo Match-Play. Sandy Lyle ha participado en cinco ediciones en la Ryder Cup.

Palmarés. *Vencedor del Open Británico de 1985 y del Masters de 1988. Campeón mundial Match-Play en 1988.*

McCUMBER, MARK / *USA* / *Jacksonville* / *1951.*

Este hombre es uno de los más duros pegadores del Tour USA, en el que ha conseguido seis victorias en los últimos diez años. La más importante fue el TPC de 1988, en el que acabó con un resultado récord de 273 golpes, quince bajo par. McCumber basa su juego en una excelente preparación de cada golpe y combina la competición con el diseño de campos de golf.

Palmarés. *Ganador del TPC de 1988.*

MILLER, JOHNNY / *USA* / *San Francisco* / *1947.*

Profesional desde 1969, ha logrado 23 victorias en el Tour, de las que ocho fueron obtenidas en la misma temporada (1974). En su palmarés tiene dos torneos del Gran Slam, el Open USA de 1973 y el Británico de 1976, en el que se impuso a Nicklaus y Ballesteros, que fueron segundos. Además ha conseguido dos Copas del Mundo (1973 y 1975) en las que también fue el vencedor individual.

Palmarés. *Vencedor del Open USA en 1973, del Open Británico en 1976 y de la Copa del Mundo en 1973 y 1975.*

MORRIS, TOM senior / *Escocia* / *Saint Andrews* / *1821-1908.*

El viejo Tom Morris fue el dominador del Open Británico en sus primeras ediciones, imponiéndose en 1861, 1862, 1864 y 1867. Era empleado de otro jugador mítico, Allan Robertson, con el que fabricaba bolas y formó pareja en uno de los más memorables partidos del siglo pasado. En 1849 la pareja de Saint Andrews se enfrentó a los gemelos Willie y Jamie Dunn en tres campos distintos; les derrotaron por dos hoyos después de haber ido perdiendo por cuatro a falta de ocho hoyos.

Palmarés. *Ganador del Open Británico en cuatro ocasiones.*

MORRIS, TOM junior / *Escocia* / *Saint Andrews* / *1851-1875.*

Fue sin duda el mejor jugador de su generación. A los diecisiete años de edad ganó el Open Británico, en el que se impondría en cuatro ediciones consecutivas (1868, 1869, 1870 y 1872, no hubo competición en 1871). Las tres primeras victorias le otorgaron el cinturón de vencedor para su propiedad. Sus resultados con bola de "guttapercha" no fueron nunca igualados por nadie. Tom Morris falleció a los veinticuatro años, pocos meses después de que su esposa perdiera la vida cuando dio a luz a su primer hijo, que también murió en el parto. Un final trágico para el hombre que pudo establecer una serie de récords insuperables con el paso de los siglos. Entre él y su padre ganaron el Británico ocho veces en doce años.

Palmarés. *Ganador del Open Británico en 1868, 1869, 1870 y 1872.*

MIZE, LARRY / *USA* / *Augusta* / *1958*.

Este jugador protagonizó uno de los finales más impresionantes de un torneo de los grandes al imponerse en el Masters de 1987 en un "play-off" con Ballesteros y Norman. Mize, nacido en Augusta, embocó un "chip" desde 41 metros para enfundarse la chaqueta verde. Anteriormente había perdido otro "play-off" con Norman en el sexto hoyo del Kemper Open. Tan sólo había logrado una victoria en el Tour.

Palmarés. *Vencedor del Masters de 1987 y del Memphis Classic, 1983.*

NAKAJIMA, TSUNEYUKI / *Japón* / *Gunma* / *1954*.

Profesional desde 1975, es uno de los mejores golfistas que ha producido Japón, cuya órden de mérito ha conquistado en cuatro ocasiones y en cuyo circuito ha cosechado cuarenta triunfos. Está enrolado en el circuito americano y su presencia es habitual en los grandes. Se le conoce como Tommy Nakajima desde el Masters de Australia de 1981 cuando los comentaristas de televisión le "bautizaron" con ese nombre dada la dificultad que encontraron para pronunciar su auténtico nombre: Tsuneyuki.

NELSON, BYRON / *USA* / *1912*.

Con Ben Hogan y Sam Snead formó un trío mítico que dominó el golf de los años cuarenta. Nelson consiguió 54 victorias en el Tour USA, 18 de las cuales fueron obtenidas en 1945. De esas 18 victorias once fueron consecutivas. Conquistó el Open USA en 1939, el PGA en 1940 y 1945 y el Masters en 1937 y 1942. También tomó parte en la Ryder Cup de 1937 y 1947, así como la edición de 1965, en la que fue capitán del equipo americano. Se retiró de la competición a principios de los años cincuenta y se dedicó al profesorado, compartiendo esta actividad con la de comentarista de televisión.

Palmarés. *Una victoria en el Open de Estados Unidos, dos en el Campeonato de la PGA y dos en el Masters.*

NELSON, LARRY / *USA* / *Ft. Payne* / *1947*.

A los 22 años, Larry Nelson no había tenido en sus manos un palo de golf. A esa edad, tras volver del servicio militar en Vietnam, fue a un campo de prácticas y seis meses más tarde ya era profesional. Cuatro años más tarde y habiendo jugado tan sólo un torneo a 72 hoyos, ya competía en el Tour. Tiene en su palmarés tres torneos de Gran Slam, PGA en 1980 y 1987 y Open USA de 1983, en el que se impuso tras salir el último día a siete golpes de los líderes, Ballesteros y Watson.

Palmarés. *Vencedor del Campeonato de la PGA de 1980 y 1987; y del Open de Estados Unidos de 1983.*

NICKLAUS, JACK / *USA* / *Columbus* / *1940*.

En 1988 Nicklaus fue nombrado Jugador del siglo. Estas son las razones: ganador del Masters en seis ocasiones (1963, 1965, 1966, 1972, 1975 y 1986), del Open USA en cuatro (1962, 1967, 1972 y 1980), del Campeonato de la PGA en cinco (1963, 1971, 1973, 1975 y 1980) y del Open Británico en tres (1966, 1970 y 1978). Además de estos 18 títulos de Gran Slam consiguió en dos ocasiones el Campeonato USA amateur, en tres el TPC y ha jugado con el equipo americano de la Ryder Cup seis veces. En el circuito USA ha obtenido 71 victorias y 58 segundos puestos. Sus ganancias rebasan los cinco millones de dólares. El «Oso dorado», como se le conoce, ha sido el más grande golfista de todos los tiempos tal como acreditan todos estos triunfos en las competiciones más importantes del mundo. Las cifras hablan por sí solas de la tremenda dimensión de Nicklaus, quien además ha formado un imperio en la industria de este deporte. Se puede discutir mucho sobre la valía de cualquier jugador pero sobre Jack Nicklaus no hay discrepancias: ha sido el más grande.

Palmarés. *Seis triunfos en el Masters, cinco en el PGA, cuatro en el Open de Estados Unidos y tres en el Open Británico.*

NORMAN, GREG / *Australia* / *Queensland* / *1955*.

Es uno de los golfistas con mayor carisma de la última década. Comenzó a jugar a los diecisiete años y su mayor éxito fue la conquista del Open Británico de 1986 en Turberry, en una temporada en la que tuvo oportunidad de ganar los cuatro grandes al estar entre los primeros de cada prueba en la última vuelta. Ha ganado, además, tres títulos del Mundial Match-Play, fue primero en la Órden de Mérito europea en 1982 y ha salido vencedor en más de cincuenta torneos por todo el mundo, cinco de ellos correspondientes al Tour norteamericano, en el que desarrolla la mayor parte de su calendario.

Palmarés. *Vencedor del Open Británico de 1986.*

OLAZÁBAL, JOSE MARIA / *España* / *San Sebastián* / *1966.*

A pesar de su corta edad, Olozábal, es una de las grandes realidades del golf actual. En el terreno amatéur tiene un palmarés inigualable con triunfos como el Open Británico, el Boys y el Youths. En su primer año como profesional fue segundo de la Orden de Mérito en Europa y conquistó dos torneos en el circuito. Desde entonces ha sumado más victorias en el viejo continente y su gran salto internacional fue la octava plaza en el Masters de 1989 en Augusta. Olazábal está considerado como la gran esperanza del golf mundial para la próxima década y los albores del siglo XXI.

Palmarés. *Vencedor del Open de Suiza 1985, Open Sanyo 1986, Open de Bélgica 1988, Masters de Alemania 1988, Open de Tenerife 1989.*

PALMER, ARNOLD / *USA* / *Latrobe* / *1921.*

El jugador que revolucionó el golf, dándole una dimensión popular que no había alcanzado hasta entonces. El mismo declaraba que jugaba como cualquier dominguero, sólo que un poco mejor. Su estilo no era demasiado depurado pero los resultados fueron impresionantes. En 1958 ganó su primer Masters, al que siguieron tres más (1960, 1962 y 1964). En 1960 consiguió el Open USA y en 1961 y 1962 logró el Open Británico. Ganó también el Campeonato USA amateur en 1954 y participó siete veces en la Ryder Cup, una de ellas como capitán no jugador. Fue el primer golfista que se convirtió en asiduo de las portadas de diarios y revistas más importantes de Estados Unidos, así como en todo tipo de programas de televisión. Su incidencia entre el público fue tremenda y su carisma continúa vigente hasta el punto de que en 1988 varios grupos de influencia promovieron una campaña para que se presentase a las elecciones presidenciales de los Estados Unidos.

Palmarés. *Vencedor del masters en 1958, 1960, 1962 y 1964, del Open de Estados Unidos en 1960 y del Open Británico en 1961 y 1962.*

PEETE, CALVIN / *USA* / *Detroit* / *1943.*

La de este jugador es una historia llena de sobresaltos que ha sabido superar extraordinariamente. Nacido en el seno de una familia numerosa (tiene 18 hermanos) y humilde, tuvo que trabajar desde la infancia para salir adelante. Este hombre de color tuvo un accidente tras el cual nadie pensaba que pudiera ser una estrella del deporte: aún hoy en día no puede estirar completamente su brazo izquierdo debido a la rotura del codo. Comenzó a jugar a los 23 años y ha conseguido 12 victorias en el Tour americano, la más importante el TPC de 1985, año en que fue tercero en la lista de ganancias.

Palmarés. *Vencedor del TPC de 1985.*

PLAYER, GRAY / *Suráfrica* / *1935.*

Uno de los poseedores del Gran Slam gracias a sus victorias en el Open Británico (1959, 1968 y 1974), en el Open USA (1965), en la PGA (1962 y 1972) y en el Masters (1961, 1974 y 1978), Fue el primer jugador no americano en ganar el Masters y un obseso en la preparación física y en el entrenamiento, hasta el punto de que ha hecho famosa su frase de "cuanto más entreno más suerte tengo". De menuda estatura, Player es considerado como un auténtico caballero en los campos de golf que ha sorprendido durante tres décadas a los aficionados de todos los continentes. Para el diminuto surafricano no solamente era importante la condición física, sinó que supo valorar el factor psicológico de forma muy superior a otros jugadores de su época, caracterizándose por una observación siempre positiva de cada aspecto del juego. En 1987, a sus 52 años de edad, concluyó las cuatro rondas del Masters, hecho poco corriente entre quienes han rebasado los cincuenta.

Palmarés. *Tres victorias en el Masters y Open Británico, dos en el campeonato de la PGA y una en el Open de Estados Unidos.*

PIÑERO, MANUEL / *España* / *Puebla de la Calzada* / *1952.*

Uno de los máximos impulsores del golf en España y uno de los hombres que en cualquier momento puede ganar un torneo en cualquier rincón del mundo. En el circuito europeo ha obtenido nueve triunfos, entre los que hay que destacar el Campeonato de la PGA en 1977 y el Open de Europa de 1982. Ha tomado parte en el equipo de la Ryder Cup en dos ocasiones y fue una de las claves del triunfo en 1985 cuando ganó cuatro de los cinco puntos que disputaba. Obtuvo dos Copas del Mundo, la primera con Severiano Ballesteros en 1976 y la segunda junto a José María Cañizares en 1982, ganando así mismo el trofeo individual.

Palmarés. *Dos veces ganador de la Copa del Mundo, la de 1982 de forma individual y por equipos, y una de la Ryder Cup*

ROBERTSON, ALLAN / *Escocia* / *1815-1859.*

Sin duda alguna, el primer gran profesional de este deporte. En su palmarés no puede reseñarse ningún triunfo en las grandes competiciones que conocemos hoy en día porque murió antes de que nacieran. Dicen que en su carrera no conoció la derrota, de ahí que se le conociera con el sobrenombre de "el imbatible", aunque hay quienes aseguran que alcanzó esta condición por no querer enfrentarse a sus dos máximos rivales de la época: el viejo Tom Morris y Willie Park. Un año antes de su fallecimiento dejó atónico a todo el mundo golfístico al hacer el recorrido del Old Course de Saint Andrews en 79 golpes. Fue la primera vez que alguien lo hacía en menos de ochenta.

SARAZEN, GENE / *USA* / *1902.*

Fue el primer hombre en ganar el Gran Slam, hazaña que solamente han podido emular tres jugadores más en la historia de este deporte: Ben Hogan, Gary Player y Jack Nicklaus. Sarazen ganó el Open Británico en 1932, el Open USA en 1922 y 1932, la PGA en 1922, 1923 y 1933, y finalmente el Masters en 1935. Este triunfo lo obtuvo después de conseguir el albatros más famoso de la historia: hizo el hoyo 15 de Augusta (un par 5 de 450 metros) en tan sólo dos golpes, utilizando en el segundo una madera cuatro. En la actualidad, Sarazen sigue siendo capaz de asombrar al mundo con su juego; en 1973 tomó parte en el Open Británico celebrado en Troon como invitado especial, ya que se cumplía el cincuenta aniversario de su éxito en ese mismo campo y torneo, consiguiendo un hoyo en uno en el hoyo 8. En las últimas tres ediciones del Masters (1987, 1988 y 1989) ha tomado parte abriendo el torneo junto a Sam Snead y Byron Nelson. A sus 87 años sigue golpeando la bola recta como una vela.

Palmarés. *Ganador en tres ocasiones del campeonato de la PGA, en dos del Open de Estados Unidos y en una del Masters y del Open Británico.*

SNEAD, SAM / *USA* / *1912.*

Otro de los hombres más señalados en la gran competición. Comenzó en este deporte fabricándose él mismo los palos con ramas de los árboles, y se dedicó a los torneos viajando como un trotamundos sin tener un dólar en su bolsillo. Ganó el Open Británico en 1946 y la PGA en 1942, 1949 y 1951; también conquistó el Masters en tres ocasiones (1949, 1952 y 1954). Le llamaban "swining Sam" por su bello y lento "swing" que le mantuvo en competición incluso siendo sexagenario. En 1974, cuando contaba 62 años de edad, fue tercero en la PGA terminando a tan sólo tres golpes del vencedor, Lee Trevino. Para completar el Gran Slam le faltó triunfar en el Open USA, en el que quedó cuatro veces clasificado en segunda posición. A lo largo de su dilatada carrera consiguió doscientas victorias.

Palmarés. *Vencedor del Masters de 1949, 1952 y 1954, del Open Británico de 1946 y del Campeonato de la PGA de 1942, 1949 y 1951.*

STADLER, CRAIG / *USA* / *San Diego* / *1953.*

Stadler comenzó a jugar al golf a los cinco años aunque, según sus propias palabras, no se "interesó" por este deporte hasta los ocho. En 1973 ganó el Campeonato Amateur de los Estados Unidos y en su carrera profesional ha obtenido ocho triunfos en el circuito USA, el más importante el Masters de 1982, año en el que ganó tres torneos más. Su mejor tarjeta fue un 62 en el Open de Hawaii de 1987, campeonato que no obstante no pudo ganar al perder en el "play-off" con Corey Pavin, que había firmado un 64. A Stadler le llaman "la morsa" por su aspecto físico y es uno de los hombres más competitivos que circulan hoy en día por el golf profesional.

Palmarés. *Ganador del Masters de 1982.*

STRANGE, CURTIS / *USA* / *Norkfolk* / *1955.*

El rey de las cifras. En las cuatro últimas temporadas ha sido el jugador con mayores ganancias en el Tour USA (líder en 1985, 1987 y 1988). En los últimos diez años ha conseguido 16 victorias en el circuito, de las que destaca el Open USA de 1988 tras derrotar a Nick Faldo en el "play-off" de dieciocho hoyos. Fue además el primer jugador en ganar más de un millón de dólares en premios en un solo año (1988). Posee el record del Old Course de Saint Andrews al firmar una tarjeta de 62 golpes con motivo de la Dunhill Cup de 1977. Strange comenzó a jugar a los siete años animado por su padre, que era profesional, y desde el momento que cumplió los ocho no ha dejado de jugar un solo día.

Palmarés. *Vencedor del Open de Estados Unidos de 1988.*

TAYLOR, JOHN HENRY / *Inglaterra* / *1871-1963.*

El primer inglés en ganar el Open Británico, precisamente cuando se disputó por primera vez fue fuera de Escocia, en 1894. Taylor repitió la hazaña en cuatro ocasiones más (1895, 1900, 1909, 1913) y fue segundo otras cinco. Junto a James Braid y Harry Vardon formó el denominado Gran Triunvirato: entre los tres ganaron el Open dieciséis veces entre 1894 y el comienzo de la Primera Guerra Mundial "J.H.", así llamaban a Taylor, conquistó además el campeonato Británico Match-Play en 1904 y en 1900 fue segundo en el Open USA que ganó su gran amigo y rival Harry Vardon. En 1933 fue capitán no jugador del equipo británico de la Ryder Cup que se impuso a Estados Unidos. Falleció a la edad de 92 años tras escribir su libro "Golf, el trabajo de mi vida", una pieza codiciada por los coleccionistas.

Palmarés. *Vencedor en cinco ocasiones del Open Británico.*

THOMPSON, PETER / *Australia* / *1929.*

Sin lugar a dudas, el mejor jugador australiano de todos los tiempos y el único hombre de este siglo que ha ganado el Open Británico tres veces consecutivas (1954, 1955 y 1956). Al año siguiente pudo ganar nuevamente pero tuvo que conformarse con la segunda plaza tras Bobby Locke; se sacó la espina en 1958 con un nuevo éxito. En seis años consecutivos ganó el Británico cuatro veces y fue segundo en las otras dos participaciones. Se dijo entonces que quizá no tuvieran tanta importancia esas victorias porque en aquella época los grandes jugadores norteamericanos no participaban al completo, pero Thompson acalló las críticas en 1965 ganando por quinta vez en un Open Británico en el que competían todos los grandes, como Nicklaus, Palmer y Tony Lema, que defendía el título. Solamente él, James Braid, J.H. Taylor y más recientemente Tom Watson, han logrado cinco victorias en el más antiguo de los torneos del Gran Slam. En la actualidad, Peter Thompson combina sus actuaciones en el circuito senior de Estados Unidos con las funciones de comentarista para una cadena de televisión australiana.

Palmarés. *Vencedor del Open Británico en 1954, 1955, 1956, 1958 y 1965.*

TORRANCE, SAM / *Escocia* / *Largs* / *1953.*

Uno de los mejores jugadores que ha dado Escocia en los últimos años. Desde 1976 ha obtenido una docena de triunfos en el circuito europeo, a los que hay que añadir otros más en el africano, en el suramericano y otro en Australia. Torrace, hijo de uno de los profesionales de la instrucción golfística más cotizados de la actualidad, ha sido miembro del equipo europeo de la Ryder Cup en las cuatro últimas ediciones y ha disputado seis veces la Copa del Mundo. Su tarjeta record es de 61 golpes en el Timex Open de 1984.

Palmarés. *Vencedor del Open de Irlanda 1981, Open de España 1982, Open Sanyo 1984, Open de Montecarlo 1985.*

TREVINO, LEE / *USA* / *Dallas* / *1939.*

Nacido en Dallas de padres mexicanos, Trevino ha sido el "Garrincha del golf", algo así como "la alegría del pueblo". De la personalidad de Trevino en sus inicios —él mismo dice que eran tan pobres en su casa que le parió una vecina— habla el hecho de que robara a su primera esposa el dinero para inscribirse y participar en el Open USA de 1967 —su primer año en el Tour—; no le fue mal, ya que terminó sexto y tuvo derecho a tarjeta para el año siguiente, cuando además ganó su primer grande, precisamente el Open USA, haciendo cuatro vueltas por debajo de 70 golpes, récord que se mantiene hoy en día. Repitió la hazaña en 1971 venciendo en play-off a Jack Nicklaus. Tres semanas después de este éxito ganó su primer Open Británico, siendo el cuarto hombre en la historia que ganaba ambos abiertos en el mismo año (los otros tres son Bobby Jones, Gene Sarazen y Ben Hogan). Por si hubiera quedado alguna duda repitió victoria en el Británico en 1972. Dos años más tarde venció en la PGA y también repitió este triunfo en 1984, a los cuarenta y cuatro años de edad. A Trevino sólo le falta ganar el Masters para obtener el Gran Slam, pero su juego de izquierda a derecha y bola baja está reñido con Augusta al igual que lo ha estado su carácter con los organizadores del más elitista de los torneos. Trevino, que estuvo a punto de retirarse tras la lesión que le produjo un rayo que le alcanzó mientras competía en el Western Open de 1975, tiene en su haber 27 victorias en el Tour americano y ha tomado parte en siete ediciones de la Ryder Cup, una de ellas como capitán no jugador.

Palmarés. *Dos triunfos en el Open Británico, dos más en el campeonato de la PGA y otras dos en el Open de Estados Unidos.*

VARDON, HARRY / *Inglaterra* / *1870-1937.*

Uno de los hombres que más animaron en los primeros tiempos las grandes competiciones.

Posee el récord de victorias en el Open Británico, que ganó en seis ocasiones (1896, 1898, 1899, 1903, 1911 y 1914, a las que hay que añadir otro triunfo en el Open USA (1900). Su forma de empuñar el palo, lo que en su época denominaron el "Vardon Grip", es la más habitual entre los golfistas de la actualidad. En 1900 hizo una gira por Estados Unidos que levantó oleadas de expectación hacia su persona en cualquiera de los torneos en los que participó. Volvió a tierras americanas en 1913 y fue derrotado, junto a Ted Ray, por Francis Ouimet, que ganó en el play-off a tres el Open USA. En 1920 Vardon volvió a jugar el Open USA y terminó también en segunda posición; había cumplido ya cincuenta años. Si sus grandes éxitos fueron en las islas no cabe la menor duda que sus giras por Estados Unidos fueron el gran revulsivo que reanimó las competiciones en aquellas tierras.

Palmarés. *Ganador en seis ocasiones del Open Británico y en una del Open de Estados Unidos.*

WADKINS, LANNY / *USA* / *Richmond* / *1949.*
Uno de los hombres más regulares en el Tour americano a lo largo de las dos últimas décadas, en las que ha conseguido dieciocho victorias, siendo la más importante la PGA de 1977. Es uno de los grandes "outsiders" en la historia de este deporte en la que seguramente ha merecido más triunfos de los que ha cosechado. Su carácter netamente positivo le hace atacar como nadie el campo, asumiendo riesgos que muy pocos golfistas se prestan a correr.

Palmarés. *Vencedor del Campeonato de la PGA de 1977.*

WATSON, TOM / *USA* / *Kansas City* / *1949.*
En su haber, ocho torneos de Gran Slam, entre ellos cinco victorias en el Open Británico (1975, 1977, 1980, 1982 y 1983). De ellos el más impresionante fue el de 1977, en el que llegó a la última vuelta empatado con Jack Nicklaus tras firmar idénticas tarjetas de 68-70-65; fue el final más dramático y electrizante que ha producido la competición: ambos llegaron empatados también al hoyo 17, en el que Watson embocó para "birdie" desde el borde de "green" y sacó a su rival un golpe de ventaja; en el dieciocho, Nicklaus no metió un "put" larguísimo para "birdie" y provocar el play-off. Nicklaus firmó 66 golpes y Watson, 65. En 1984 tuvo oportunidad de lograr su sexto británico e igualar el récord de Vardon, pero Severiano Ballesteros se lo impidió en Saint Andrews con un final "par-birdie" que trau-

matizó a Watson hasta el punto que tardó más de tres años en ganar un torneo. Anteriormente había ganado el Masters en dos ocasiones (1977 y 1981) y el Open USA en 1982. Sólo le falta la PGA para obtener el Gran Slam. De sus 18 temporadas en el Tour ameriano, cinco las ha terminado como líder de ganancias y ha obtenido un total de 32 victorias.

Palmarés. *Vencedor del Open Británico en 1975, 1977, 1980, 1982 y 1983, de Masters en 1977 y 1981 y del Open de Estados Unidos en 1982.*

WOOSNAM, IAN / *País de Gales* / *1958.*
Doce triunfos en el circuito europeo desde 1982 ha obtenido este jugador de baja estatura que acabó 1987 como líder de ganancias. Sus actuaciones en los grandes no se corresponden con sus éxitos de la temporada regular, que le convierten en uno de los mejores golfistas del viejo continente. Su gran año fue 1987, en el que cosechó cinco victorias de circuito, entre ellas el Campeonato del Mundo Match-Play, a las que hay que añadir la Copa del Mundo por equipos e individual.

Palmarés. *Vencedor del Mundial Match-Play y de la Copa del Mundo en 1987.*

ZOELLER, FUZZY / *USA* / *New Albany* / *1951.*
Frank Urban Zoeller, más conocido como "Fuzzy", ha obtenido diez victorias en el circuito USA, en el que milita desde 1974. Entre ellas hay que destacar dos grandes: el Masters de 1979 y el Open USA de 1984. Semanas después de este último triunfo tuvo que ser hospitalizado para intervenirle por una dolencia de espalda que arrastraba desde que jugaba a baloncesto en su época escolar. Esta lesión no le impidió volver al circuito, en el que es uno de los hombres a tener en cuenta para acabar entre los primeros de cualquier torneo.

Palmarés. *Ganador del Masters de 1979 y del Open de Estados Unidos de 1984.*

PALMARES

GRAN SLAM

MASTERS - AUGUSTA

Año	Ganador	Lugar	Golpes
1934	Horton Smith	Augusta, Georgia	284
1935	Gene Sarazen*	Augusta, Georgia	282
1936	Horton Smith	Augusta, Georgia	285
1937	Byron Nelson	Augusta, Georgia	283
1938	Henry Picard	Augusta, Georgia	285
1939	Ralph Guldahl	Augusta, Georgia	279
1940	Jimmy Demaret	Augusta, Georgia	280
1941	Craig Wood	Augusta, Georgia	280
1942	Byron Nelson*	Augusta, Georgia	280
1946	Herman Keiser	Augusta, Georgia	282
1947	Jimmy Demaret	Augusta, Georgia	281
1948	Claude Harmon	Augusta, Georgia	279
1949	Sam Snead	Augusta, Georgia	282
1950	Jimmy Demaret	Augusta, Georgia	283
1951	Ben Hogan	Augusta, Georgia	280
1952	Sam Snead	Augusta, Georgia	286
1953	Ben Hogan	Augusta, Georgia	274
1954	Sam Snead*	Augusta, Georgia	289
1955	Cary Middlecoff	Augusta, Georgia	279
1956	Jack Burke, Jnr	Augusta, Georgia	289
1957	Doug Ford	Augusta, Georgia	282
1958	Arnold Palmer	Augusta, Georgia	284
1959	Art Wall, Jnr	Augusta, Georgia	284
1960	Arnold Palmer	Augusta, Georgia	282
1961	Gary Player	Augusta, Georgia	280
1962	Arnold Palmer*	Augusta, Georgia	280
1963	Jack Nicklaus	Augusta, Georgia	286
1964	Arnold Plamer	Augusta, Georgia	276
1965	Jack Nicklaus	Augusta, Georgia	271
1966	Jack Nicklaus*	Augusta, Georgia	288
1967	Gay Brewer, Jnr	Augusta, Georgia	280
1968	Bob Goalby	Augusta, Georgia	277
1969	George Archer	Augusta, Georgia	281
1970	Billy Casper*	Augusta, Georgia	279
1971	Charles Coody	Augusta, Georgia	279
1972	Jack Nicklaus	Augusta, Georgia	286
1973	Tommy Aaron	Augusta, Georgia	283
1974	Gary Player	Augusta, Georgia	278
1975	Jack Nicklaus	Augusta, Georgia	276
1976	Ray Floyd	Augusta, Georgia	271
1977	Tom Watson	Augusta, Georgia	276
1978	Gary Player	Augusta, Georgia	277
1979	Fuzzy Zoeller*	Augusta, Georgia	280
1980	Seve Ballesteros	Augusta, Georgia	275
1981	Tom Watson	Augusta, Georgia	280
1982	Craig Stadler*	Augusta, Georgia	284
1983	Seve Ballesteros	Augusta, Georgia	28C
1984	Ben Crenshaw	Augusta, Georgia	277
1985	Bernhard Langer	Augusta, Georgia	278
1986	Jack Nicklaus	Augusta, Georgia	279
1987	Larry Mize*	Augusta, Georgia	285
1988	Sandy Lyle	Augusta, Georgia	281
1989	Nick Faldo*	Augusta, Georgia	283

* Ganador en play off

OPEN USA

Año	Ganador	Lugar	Golpes
1895	Horace Rawlins	Newport	173**
1896	James Foulis	Shinnecock Hills	153**
1897	Joe Lloyd	Chicago	162**
1898	Fred Herd	Myopia Hunt Club	328
1899	Willie Smith	Baltimore	315
1900	Harry Vardon	Chicago	313
1901	Willie Anderson*	Myopia Hunt Club	331
1902	Laurie Auchterlonie	Garden City	307
1903	Willie Anderson*	Baltusrol	307
1904	Willie Anderson	Glen View	303
1905	Willie Anderson	Myopia Hunt Club	314
1906	Alex Smith	Onwentsia Club	295
1907	Alex Ross	Phil. Cricket Club	302
1908	Fred McLeod*	Myipia Hunt Club	322
1909	George Sargent	Englewood	290
1910	Alex Smith*	Phil. Cricket Club	298
1911	John McDermott*	Chicago	307
1912	John McDermott	C.C. of Buffalo	294
1913	Francis Quimet*	The C.C. Brookline	304
1914	Walter Hagen	Midlothian	290
1915	Jerome Travers	Baltusrol	297
1916	Charles Evans, Jnr	Minikahada Club	286
1919	Walter Hagen	Brae Burn	301
1920	Edward Ray	Inverness	295
1921	James M. Barnes	Columbia	289
1922	Gene Sarazen	Skokie	288
1923	R.T. Jones, Jnr*	Inwood	296
1924	Cyril Walker	Oakland Hills	297
1925	W. MacFarlane*	Worcester	291
1926	R.T. Jones, Jnr	Scioto	293
1927	Tommy Armour*	Oakmont	301
1928	Johnny Farrell*	Olympia Fields	294
1929	R.T. Jones, Jnr*	Winged Foot	294
1930	R.T. Jones. Jnr	Interlachen	287
1931	Billy Burke*	Inverness	292
1932	Gene Sarazen	Fresh Meadows	286
1933	Johnny Goodman	North Shore	287
1934	Olin Dutra	Merion C.C.	293
1935	Sam Parks, Jnr	Oakmont	299
1936	Tony Manero	Baltusrol	282
1937	Ralph Guldahl	Oakland Hills	281
1938	Ralph Guldahl	Cherry Hills	284
1939	Byron Nelson*	Philadelphia	284
1940	Lawson Little*	Canterbury	287
1941	Craig Wood	Colonial Club	284
1946	Lloyd Mangrum*	Canterbury	284

1947 Lew Worsham*	St. Louis	282
1948 Ben Hogan	Riviera	276
1949 Cary Middlecoff	Medinah	286
1950 Ben Hogan*	Merion	287
1951 Ben Hogan	Oakland Hills	287
1952 Julius Boros	Northwood	281
1953 Ben Hogan	Oakmont	283
1954 Ed Furgol	Baltusrol	284
1955 Jack Fleck*	Olympic Club	287
1956 Cary Middlecoff	Oak Hill	281
1957 Dick Mayer*	Inverness Club	282
1958 Tommy Bolt	Southern Hills	283
1959 Billy Casper	Winged Foot	282
1960 Arnold Palmer	Cherry Hills	280
1961 Gene Littler	Oakland Hills	281
1962 Jack Nicklaus*	Oakmont	283
1963 Julius Boros*	The C.C. Brookline	293
1964 Ken Venturi	Congressional	278
1965 Gary Player*	Bellerive	282
1966 Billy Casper*	Olympic Club	278
1967 Jack Nicklaus	Baltusrol	275
1968 Lee Trevino	Oak Hill	275
1969 Orville Moody	Champions G.C.	281
1970 Tony Jacklin	Hazeltine	281
1971 Lee Trevino*	Merion	280
1972 Jack Nicklaus	Pebble Beach	290
1973 Johnny Miller	Oakmont	279
1974 Hale Irwin	Winged Foot	287
1975 Lou Graham*	Medinah	287
1976 Jerry Pate	Atlanta Athletic C	277
1977 Hubert Green	Southern Hills	278
1978 Andy North	Cherry Hills	285
1979 Hale Irwin	Inverness Club	284
1980 Jack Nicklaus	Baltusrol	272
1981 David Graham	Merion	273
1982 Tom Watson	Pebble Beach	282
1983 Larry Nelson	Oakmont	280
1984 Fuzzy Zoeller*	Winged Foot	276
1985 Andy North	Oakland Hills	279
1986 Ray Floyd	Shinnecock Hills	279
1987 Scott Simpson	Olympic Club	277
1988 Curtis Strange*	The Country Club	278

* Ganador en play off
** 36 hoyos

P.G.A.

Año	Ganador	Lugar	Golpes
1916	James M. Barnes	Siwanoy	—
1919	James M. Barnes	Engineers C.C.	—
1920	Jock Hutchison	Flossmoor	—
1921	Walter Hagen	Inwood	—
1922	Gene Sarazen	Oakmont	—
1923	Gene Sarazen	Pelham	—
1924	Walter Hagen	French Lick C.C.	—
1925	Walter Hagen	Olympia Fields	—
1926	Walter Hagen	Salisbury	—
1927	Walter Hagen	Cedar Crest	—
1928	Leo Diegel	Five Farms	—
1929	Leo Diegel	Hillcrest	—
1930	Tommy Armour	Fresh Meadow	—
1931	Tom Creavy	Wannamoisett	—
1932	Olin Dutra	Keller	—
1933	Gene Sarazen	Blue Mound	—
1934	Paul Runyan	Park C.C.	—
1935	Johnny Revolta	Twin Hills	—
1936	Denny Shute	Pinehurst	—
1937	Denny Shute	Pittsburgh	—
1938	Paul Runyan	Shawnee	—
1939	Henry Picard	Pomonok	—
1940	Byron Nelson	Hershey	—
1941	Vic Ghezzi	Cherry Hills	—
1942	Sam Snead	Seaview	—
1944	Bob Hamilton	Manito	—
1945	Byron Nelson	Morraine	—
1946	Ben Hogan	Portland	—
1947	Jim Ferrier	Plum Hollow	—
1948	Ben Hogan	Norwood Hills	—
1949	Sam Snead	Hermitage	—
1950	Chandler Harper	Scioto	—
1951	Sam Snead	Oakmont	—
1952	Jim Turnesa	Big Spring	—
1953	Walter Burkemo	Birmingham	—
1954	Chick Harbert	Keller	—
1955	Doug Ford	Meadowbrook	—
1956	Jack Burke	Blue Hill	—
1957	Lionel Hebert	Miami Valley	—
1958	Dow Finsterwald	Llanerch	277
1959	Bob Rosburg	Minneapolis	276
1960	Jay Hebert	Firestone	281
1961	Jerry Barber*	Olympia Fields	277
1962	Gary Player	Aronomink	278
1963	Jack Nicklaus	Dallas Athletic C.	279
1964	Bobby Nichols	Columbus	271
1965	Dave Marr	Laurel Valley	280
1966	Al Geiberger	Firestone	280
1967	Don January*	Columbine	281
1968	Julius Boros	Pecan Valley	281
1969	Ray Floyd	NCR C.C.	276
1970	Dave Stockton	Southern Hills	279
1971	Jack Nicklaus	PGA National	281
1972	Gary Player	Oakland Hills	281
1973	Jack Nicklaus	Canterbury	277
1974	Lee Trevino	Tanglewood	276
1975	Jack Nicklaus	Firestone	276
1976	Dave Stockton	Congressional C.C.	281
1977	Lanny Wadkins*	Pebble Beach	282
1978	John Mahaffey*	Oakmont	276
1979	David Graham*	Oakland Hills	272

1980	Jack Nicklaus	Oak Hill	274
1981	Larry Nelson	Atlanta Athletic C.	273
1982	Ray Floyd	Southern Hills	272
1983	Hal Sutton	Riviera	274
1984	Lee Trevino	Shoal Creek	273
1985	Hubert Green	Cherry Hills	278
1986	Bob Tway	Inverness	276
1987	Larry Nelson*	PGA National Palm Beach	287
1988	Jeff Sluman	Oak Tree C.C.	272

Hasta 1957 la PGA se jugaba bajo
la modalidad match play

* Ganador en play off

OPEN BRITÁNICO

Año	Ganador	Lugar	Golpes
1860	W. Park	Prestwick	174
1861	T. Morris	Prestwick	163
1862	T. Morris	Prestwick	163
1863	W. Park	Prestwick	168
1864	T. Morris, Sen.	Prestwick	167
1865	A. Strath	Prestwick	162
1866	W. Park	Prestwick	169
1867	T. Morris, Sen.	Prestwick	170
1868	T. Morris, Jnr.	Prestwick	157
1869	T. Morris, Jnr.	Prestwick	154
1870	T. Morris, Jnr.	Prestwick	149
1872	T. Morris, Jnr.	Prestwick	166
1873	T. Kidd	St. Andrews	179
1874	M. Park	Musselburgh	159
1875	W. Park	Prestwick	166
1876	B. Martin	St. Andrews	176
1877	J. Anderson	Musselburgh	160
1878	J. Anderson	Prestwick	157
1879	J. Anderson	St. Andrews	169
1880	B. Ferguson	Musselburgh	162
1881	B. Ferguson	Prestwick	170
1882	B. Ferguson	St. Andrews	171
1883	W. Fernie*	Musselburgh	159
1884	J. Simpson	Prestwick	160
1885	B. Martin	St. Andrews	171
1886	D. Brown	Musselburgh	157
1887	W. Park, Jnr.	Prestwick	161
1888	J. Burns	St. Andrews	171
1889	W. Park*, Jnr.	Musselburgh	155
1890	J. Ball	Prestwick	164
1891	H. Kirkaldy	St. Andrews	166
1892	H.H. Hilton	Muirfield	305
1893	W. Auchterlonie	Prestwick	322
1894	J.H. Taylor	Sandwich	326
1895	J.H. Taylor	St. Andrews	322
1896	H. Vardon*	Muirfield	316
1897	H.H. Hilton	Hoylake	314
1898	H. Vardon	Prestwick	307
1899	H. Vardon	Sandwich	310
1900	J.H. Taylor	St. Andrews	309
1901	J. Braid	Muirfield	309
1902	A. Herd	Hoylake	307
1903	H. Vardon	Prestwick	300
1904	J. White	Sandwich	296
1905	J. Braid	St. Andrews	318
1906	J. Braid	Muirfield	300
1907	A. Massy	Hoylake	312
1908	J. Braid	Prestwick	291
1909	J.H. Taylor	Deal	295
1910	J. Braid	St. Andrews	299
1911	H. Vardon*	Sandwich	303
1912	E. Ray	Muirfield	295
1913	J.H. Taylor	Hoylake	304
1914	H. Vardon	Prestwick	306
1920	G. Duncan	Deal	303
1921	J. Hutchinson*	St. Andrews	296
1922	W. Hagen	Sandwich	300
1923	A.G. Havers	Troon	295
1924	W. Hagen	Hoylake	301
1925	J. Barnes	Prestwick	300
1926	R.T. Jones	Royal Lytham and St. Annes	291
1927	R.T. Jones	St. Andrews	285
1928	W. Hagen	Sandwich	292
1929	W. Hagen	Muirfield	292
1930	R.T. Jones	Hoylake	291
1931	T.D. Armour	Carnoustie	296
1932	G. Sarazen	Prince's, Sandwich	283
1933	D. Shute*	St. Andrews	292
1934	T.H. Cotton	Sandwich	283
1935	A. Perry	Muirfield	283
1936	A.H. Padgham	Hoylake	287
1937	T.H. Cotton	Carnoustie	290
1938	R.A. Whitcombe	Sandwich	295
1939	R. Burton	St. Andrews	290
1946	S. Snead	St. Andrews	290
1947	D. Daly	Hoylake	293
1948	T.H. Cotton	Muirfield	284
1949	A.D. Locke*	Sandwich	283
1950	A.D. Locke	Troon	279
1951	M. Faulkner	Royal Portrush	285
1952	A.D. Locke	Royal Lytham and St. Annes	287
1953	B. Hogan	Carnoustie	282
1954	P.W. Thomson	Royal Birkdale	283
1955	P.W. Thomson	St. Andrews	281
1956	P.W. Thomson	Hoylake	286
1957	A.D. Locke	St. Andrews	279
1958	P.W. Thomson*	Royal Lytham and St. Annes	278
1959	G. Player	Muirfield	284
1960	K.D.G. Nagle	St. Andrews	278

1961	A. Palmer	Royal Birkdale	284
1962	A. Palmer	Troon	276
1963	R.J. Charles*	Royal Lytham and St. Annes	277
1964	A. Lema	St. Andrews	279
1965	P.W. Thomson	Royal Birkdale	285
1966	J. Nicklaus	Muirfield	282
1967	R. de Vicenzo	Hoylake	278
1968	G. Player	Carnoustie	289
1969	A. Jacklin	Royal Lytham and St. Annes	280
1970	J. Nicklaus*	St. Andrews	283
1971	L. Trevino	Royal Birkdale	278
1972	L. Trevino	Muirfield	278
1973	T. Weiskopf	Troon	276
1974	G. Player	Royal Lytham and St. Annes	282

1975	T. Watson*	Carnoustie	279
1976	J. Miller	Royal Birkdale	279
1977	T. Watson	Turnberry	268
1978	J. Nicklaus	St. Andrews	281
1979	S. Ballesteros	Royal Lytham and St. Annes	283
1980	T. Watson	Muirfield	271
1981	W. Rogers	Royal St. George's	276
1982	T. Watson	Royal Troon	284
1983	T. Watson	Royal Birkdale	275
1984	S. Ballesteros	St. Andrews	276
1985	S. Lyle	Royal St. George's	282
1986	G. Norman	Turnberry	280
1987	N. Faldo	Muirfield	280
1988	S. Ballesteros	Royal Lytham and St. Annes	273

* Ganador en play off

PALMARES

LA RYDER CUP

1927 Worcester, MASSACHUSETTS
Capitanes: E. Ray (GB), W. Hagen (USA)

Foursomes

E. Ray & F. Robson / W. Hagen & J. Golden	0-1
G. Duncan & A. Compston / J. Farrell & J. Turnesa ..	0-1
A. G. Havers & H.C. Jolly / G. Sarazen & A. Watrous	0-1
A. Boomer & C.A. Whitcombe / L. Diegel & W. Mehlhorn	1-0

Individuales

A. Compston / W. Mehlhorn......................	0-1
A. Boomer / J. Farrell	0-1
H.C. Jolly / J. Golden	0-1
E. Ray / L. Diegel	0-1
C.A. Whitcombe / G. Sarazen	½-½
A.G. Havers / W. Hagen.........................	0-1
F. Robson / A. Watrous	0-1
G. Duncan / J. Turnesa	1-0

GRAN BRETAÑA / USA 2½-9½

1929 Moortown, LEEDS
Capitanes: G. Duncan (GB), W. Hagen (USA)

Foursomes

C. Whitcombe & A. Compston / J. Farrell & J. Turnesa	½-½
A. Boomer & G. Duncan / L. Diegel & A. Espinosa ...	0-1
A. Mitchell & F. Robson / G. Sarazen & E. Dudley ...	1-0

E.R. Whitcombe & T.H. Cotton / J. Golden & W. Hagen	0-1

Individuales

C.A. Whitcombe / J. Farrell	1-0
G. Duncan / W. Hagen..........................	1-0
A. Mitchell / L. Diegel	0-1
A. Compston / G. Sarazen	1-0
A. Boomer / J. Turnesa	1-0
F. Robson / H. Smith	0-1
T. H. Cotton / A. Watrous......................	1-0
E.R. Whitcombe / A. Espinosa	½-½

GRAN BRETAÑA / USA 7-5

1931 Scioto, COLUMBUS, OHIO
Capitanes: C.A. Whitcombe (GB), W. Hagen (USA)

Foursomes

A. Compston & W.H. Davies / G. Sarazen & J. Farrell	0-1
G. Duncan & A.G. Havers / W. Hagen & D. Shute .	0-1
A. Mitchell & F. Robson / L. Diegel & A. Espinosa .	1-0
S. Easterbrook & E.R. Whitcombe / W. Burke & W. Cox	0-1

Individuales

A. Compston / W. Burke	0-1
F. Robson / G. Sarazen	0-1
W.H. Davies / J. Farrell	1-0
A. Mitchell / W. Cox	0-1
C.A. Whitcombe / W. Hagen	0-1
B. Hodson / D. Shute	0-1

E.R. Whitcombe / A. Espinosa	0-1
A. G. Havers / C. Wood	1-0
GRAN BRETAÑA - USA	3-9

1933 Southport and Ainsdale, SOUTHPORT
Capitanes: J. H. Taylor (GB), W. Hagen (USA)

Foursomes

P. Alliss & C.A. Whitcombe / G. Sarazen & W. Hagen	½-½
A. Mitchell & A.G. Havers / O. Dutra & D. Shute	1-0
W.H. Davies & S.Easterbrook / C. Wood & P. Runyan	1-0
A.H. Padgham & A. Perry / E. Dudley & W. Burke	0-1

Individuales

A.H. Padgham / G. Sarazen	0-1
A. Mitchell / O. Dutra	1-0
A.J. Lacey / W. Hagen	0-1
W.H. Davies / C. Wood	0-1
P. Alliss / R. Runyan	1-0
A.G. Havers / L. Diegel	1-0
S. Easterbrook / D. Shute	1-0
C.A. Whitcombe / H. Smith	0-1
GRAN BRETAÑA / USA	6½-5½

1935 Ridgewood, NEW JERSEY
Capitanes: C.A. Whitcombe (GB), W. Hagen (USA)

Foursomes

A. Perry & J. Busson / G. Sarazen & W. Hagen	0-1
A.H. Padgham & P. Alliss / H. Picard & J. Revolta	0-1
W.J. Cox & E.W. Jarman / P. Runyan & H. Smith	0-1
C.A. Whitcombe & E.R. Whitcombe / O. Dutra & K. Laffoon	1-0

Individuales

J.J. Busson / G. Sarazen	0-1
R. Burton / P. Runyan	0-1
R.A. Whitcombe / J. Revolta	0-1
A.H. Padgham / O. Dutra	0-1
P. Alliss / C. Wood	1-0
W.H. Cox / H. Smith	½-½
E.R. Withcombe / H. Picard	0-1
A. Perry / S. Parks	½-½
GRAN BRETAÑA / USA	3-9

1937 Southport and Ainsdale, SOUTHPORT
Capitanes C.A. Whitcombe (GB), W. Hagen (USA)

Foursomes

A.H. Padgham & T.H. Cotton / E. Dudley & B. Nelson	0-1
A.J. Lacey & W. J. Cox / R. Guldahl & T. Manero	0-1
C.A. Withcombe & D.J. Ress / G. Sarazen & D. Shute	½-½
A. Alliss & R. Burton / H. Picard & J. Revolta	1-0

Individuales

A.H. Padgham / R. Guldahl	0-1
S.L. King / D. Shute	½-½
D.J. Ress / B. Nelson	1-0
T.H. Cotton / T. Manero	1-0
P. Alliss / G. Sarazen	0-1
R. Burton / S. Snead	0-1
A. Perry / E. Dudley	0-1
A.J. Lacey / H. Picard	0-1
GRAN BRETAÑA / USA	4-8

1947 Portland, OREGON
Capitanes: T.H. Cotton (GB), B. Hogan (USA)

Foursomes

T.H. Cotton & A. Less / E. Oliver & L. Worsham	0-1
F. Daly & C.H. Ward / S. Snead & L. Mangrum	0-1
J. Adams & M. Faulkner / B. Hogan & J. Demaret	0-1
D.J. Rees & S.L. King / B. Nelson & H. Barron	0-1

Individuales

F. Daly / E.J. Harrison	0-1
J. Adams / L. Worsham	0-1
M. Faulkner / L. Mángrum	0-1
C.H. Ward / E. Oliver	0-1
A. Lees / B. Nelson	0-1
T.H. Cotton / S. Snead	0-1
D.J. Rees / J. Demaret	0-1
S.L. King / H. Keiser	1-0
GRAN BRETAÑA / USA	1-11

1949 Ganton, SCARBOROUGH
Capitanes: C.A. Whitcombe (GB), B. Hogan (USA)

Foursomes

M. Faulkner & J. Adams / E.J. Harrison & J. Palmer	1-0
F. Daly & K. Bousfield / R. Hamilton & S. Alexander	1-0
C.H. Ward & S. King / J. Demaret & C. Heafner	0-1
R. Burton & A. Less / S. Snead & L. Mangrum	1-0

Individuales

M. Faulkner / E.J. Harrison	0-1
J. Adams / J. Palmer	1-0
C.H. Ward / S. Snead	0-1
D.J. Rees / R. Hamilton	1-0
R. Burton / C. Heafner	0-1
S.L. King / C. Harbert	0-1
A. Less / J. Demaret	0-1
F. Daly / L. Mangrum	0-1
GRAN BRETAÑA / USA	5-7

1951 Pinehurst, NORTH CAROLINA
Capitanes: A.J. Lacey (GB), S. Snead (USA)

Foursomes

M. Faulkner & D.J. Rees / C. Heafner & J. Burke	0-1
C.H. Ward & A. Lees / E. Oliver & H. Ransom	1-0
J. Adams & J. Panton / S Snead & L. Mangrum	0-1
F. Daly & K. Bousfield / B. Hogan & J. Demaret	0-1

Individuales

J. Adams / J. Burke	0-1
D.J. Rees / J. Demarket	0-1
F. Daly / C. Heafner	½-½
H. Weetman / L. Mangrum	0-1
A. Lees / E. Oliver	1-0
C.H. Ward / B. Hogan.........................	0-1
J. Panton / S. Alexander......................	0-1
M. Faulkner / S. Snead	0-1
GRAN BRETAÑA / USA	2½-9½

1953 Wentworth, VIRGINIA WATER
Capitanes: T.H. Cotton (GB), L. Mangrum (USA)

Foursomes

H. Weetman & P. Alliss / D. Douglas & Oliver	0-1
E.C. Brown & J. Panton / L. Mangrum & S. Snead ...	0-1
J. Adams & B.J. Hunt / T. Kroll & J. Burke	0-1
F. Daly & H. Bradshaw / W. Burkemo & C. Middlecoff	1-0

Individuales

D.J. Rees / J. Burke	0-1
F. Daly / T. Kroll	1-0
E.C. Brown / L. Mangrum......................	1-0
H. Weetman / S. Snead	1-0
M. Faulkner / C. Middlecoff	0-1
P. Alliss / J. Turnesa........................	0-1
B.J. Hunt / D. Douglas	½-½
H. Bradshaw / F. Haas	1-0
GRAN BRETAÑA / USA	5½-6½

1955 Thunderbird Golf & Country Club, CALIFORNIA
Capitanes: D.J. Rees (GB), C. Harbert (USA)

Foursomes

J. Fallon & J.R.M. Jacobs / C. Harper & J. Barber ...	1-0
E.C. Brown & S.S. Scott / D. Ford & T. Kroll	0-1
A. Less & H. Weetman / J. Burke & T. Bolt	0-1
H. Bradshaw & D.J. Ress / S. Snead & C. Middlecoff .	0-1

Individuales

C. O'Connor / T. Bolt	0-1
S.S. Scott / C. Harbert	0-1
J.R.M. Jacobs / C. Middlecoff	1-0
D.J. Rees / S. Snead	0-1

A. Lees / M. Furgol...........................	1-0
E.C. Brown / J. Barber........................	1-0
H. Bradshaw / J. Burke	0-1
H. Weetman / D. Ford	0-1
GRAN BRETAÑA / USA	4-8

1957 Lindrick Golf Club, SHEFFIELD
Capitanes: D.J. Rees (GB), J. Burke (USA)

Foursomes

P. Alliss & B.J. Hunt / D. Ford & D. Finsterwald	0-1
K. Bousfield & D.J. Rees / A. Wall & F. Hawkins	1-0
M. Faulkner & H. Weetman / T. Kroll & J. Burke	0-1
C. O'Connor & E. C. Brown / R. Mayer & T. Bolt	0-1

Individuales

E.C. Brown / T. Bolt	1-0
R.P. Mills / J. Burke	1-0
P. Alliss / F. Hawkins	0-1
K. Bousfield / L. Hebert	1-0
D.J. Rees / E. Furgol	1-0
B.J. Hunt / D. Ford	1-0
C. O'Connor / D. Finsterwald	1-0
H. Bradshaw / R. Mayer	½-½
GRAN BRETAÑA / USA	7½-4½

1959 Eldorado Country Club, CALIFORNIA
Capitanes: D. J. Rees (GB), S. Snead (USA)

Foursomes

B.J. Hunt & E.C. Brown / R. Rosburg & M. Souchak ...	0-1
D.J. Rees & K. Bousfield / J. Boros & D. Finsterwald ...	0-1
C. O'Connor & P. Allis / A. Wall & D. Ford	1-0
H. Weetman & D.C. Thomas / S. Snead & C. Middlecoff	½-½

Individuales

N.V. Drew / D. Ford	½-½
K. Bousfield / M. Souchak	0-1
H. Weetman / R. Rosburg	0-1
D.C. Thomas / S. Snead	0-1
C. O'Connor / A. Wall	0-1
D.J. Ress / D. Finsterwald	0-1
P. Alliss / J. Hebert..........................	½-½
E.C. Brown / C. Middlecoff	1-0
GRAN BRETAÑA / USA	3½-8½

1961 Royal Lytham & St. Annes, ST. ANNES
Capitanes: D.J. Rees (GB), J. Barber (USA)

Foursomes

C. O'Connor & P. Allis / D. Ford & G. Littler	1-0
J. Panton & B. J. Hunt / A. Wall & J. Hebert..........	0-1

D.J. Ress & K. Bousfield / W. Casper & A. Palmer ..	0-1
T.B. Haliburton & N.C. Coles / W. Collins & M. Souchak	0-1
C. O'Connor & P. Alliss / A. Wall & J. Hebert	0-1
J. Panton & B.J. Hunt / W. Casper & A. Palmer	0-1
D.J. Rees & K. Bousfield / W. Collins & M. Souchak .	1-0
T.B. Haliburton & N.C. Coles / J. Barber & D. Finsterwald	0-1

Individuales

H. Weetman / D. Ford	0-1
R.L. Moffitt / M. Souchak.....................	0-1
P. Alliss / A. Palmer	½-½
K. Bousfield / W. Casper	0-1
D.J. Rees / J. Hebert	1-0
N.C. Coles / G. Littler.......................	½-½
B.J. Hunt / J. Barber	1-0
C. O'Connor / D. Finsterwald	0-1
H. Weetman / A. Wall	0-1
P. Alliss / W. Collins........................	1-0
B.J. Hunt / M. Souchak......................	0-1
T.B. Haliburton / A. Palmer	0-1
D.J. Rees / D. Ford	1-0
K. Bousfield / J. Barber	1-0
N.C. Coles / D. Finsterwald	1-0
C. O'Connor / G. Littler	½-½
GRAN BRETAÑA / USA......................	**9½-14½**

1963 Atlanta, GEORGIA
Capitanes: J. Fallon (GB), A. Palmer (USA)

Foursomes

B. Huggett & G. Will / A: Palmer & P. Pott	1-0
P. Alliss & C. O'Connor / W. Casper & D. Ragan	0-1
N.C. Coles & B.J. Hunt / J. Boros & A. Lema	½-½
D. Thomas & H. Weetman / G. Littler & D. Finsterwald	½-½
D. Thomas & H. Weetman / W. Maxwell & R. Goalby	0-1
B. Huggett & G. Will / A. Palmer & W. Casper	0-1
N.C. Coles & G.M. Hunt / G. Littler & D. Finsterwald.	0-1
T.B. Haliburton & B.J. Hunt / J. Boros & A. Lema ...	0-1

Fourballs

B. Huggett & D. Thomas / A. Palmer & D. Finsterwald	0-1
P. Alliss & B.J. Hunt / G. Littler & J. Boros	½-½
H. Weetman & G. Will / W. Casper & W. Maxwell ...	0-1
N.C. Coles & C. O'Connor / R. Goalby & D. Ragan ..	1-0
N.C. Coles & C. O'Connor / A. Palmer & D. Finsterwald	0-1
P. Allis & B.J. Hunt / A. Lema & J. Pott............	0-1
T.B. Haliburton & G.M. Hunt / W. Casper & W. Maxwell	0-1
B. Huggett & D. Thomas / R. Goalby & D. Ragan ...	½-½

Individuales

G.M. Hunt / A. Lema	0-1
B. Huggett / J. Pott	1-0
P. Alliss / A. Palmer	1-0
N.C. Coles / W. Casper	½-½
D. Thomas / R. Goalby	0-1
C. O'Connor / G. Littler	0-1

H. Weetman / J. Boros	1-0
B.J. Hunt / D. Finsterwald	1-0
G. Will / A. Palmer	0-1
N.C. Coles / D. Ragan	0-1
P. Alliss / A. Lema	½-½
T.B. Haliburton / G. Littler	0-1
H. Weetman / J. Boros	0-1
C. O'Connor / W. Maxwell	0-1
D. Thomas / D. Finsterwald	0-1
B.J. Hunt / R. Goalby	0-1
GRAN BRETAÑA / USA	**9-23**

1965 Royal Birkdale, SOUTHPORT
Capitanes: H. Weetman (GB), B. Nelson (USA)

Foursomes

L. Platts & P.J: Butler / J. Boros & A. Lema	0-1
D.C. Thomas & G. Will / A. Palmer & D. Marr	1-0
B.J. Hunt & N.C. Coles / W. Casper & G. Littler	0-1
P. Alliss & C. O'Connor / K. Venturi & D. January ...	1-0
D.C. Thomas & G. Will / A. Palmer & D. Marr	0-1
P. Allis & O C'Onnor / W. Casper & G. Litter	1-0
J. Martin & J. Hitchcock / J. Boros & A. Lema	0-1
B.J. Hunt & N.C. Coles / K. Venturi & D. January ...	1-0

Fourballs

D.C. Thomas & G. Will / D. January & T. Jacobs	0-1
L. Platts & P.J. Butler / W. Casper & G. Littler	½-½
P. Alliss & C. O'Connor / A. Palmer & D. Marr	0-1
B.J. Hunt & N.C. Coles / J. Boros & A. Lema	1-0
P. Alliss & C. O'Connor / A. Palmer & D. Marr	1-0
D.C. Thomas & G. Will / D. January & T. Jacobs	0-1
L. Platts & P.J. Butler / W. Casper & G. Littler	½-½
B.J. Hunt & N.C. Coles / K. Venturi & A. Lema	0-1

Individuales

J. Hitchcock / A. Palmer........	0-1
L. Platts / J. Boros	0-1
P.J. Butler / A. Lema	0-1
N.C. Coles / D. Marr	0-1
B.J. Hunt / G. Littler	1-0
D.C. Thomas / T. Jacobs	0-1
P. Alliss / W. Casper.......................	1-0
G. Will / D. January	½-½
C. O'Connor / A. Lema	0-1
J. Hitchcock / J. Boros	0-1
P.J. Butler / A. Palmer	0-1
P. Alliss / K. Venturi	1-0
N.C. Coles / W. Casper	1-0
G. Will / G. Littler	0-1
B.J. Hunt / D. Marr	0-1
L. Platts / T. Jacobs	1-0
GRAN BRETAÑA / USA	**12½-19½**

1967 Houston, TEXAS
Capitanes: D.J. Rees (GB), B. Hogan (USA)

Foursomes

B.G.C. Huggett & G. Will / W. Casper & J. Boros ...	½-½
P. Alliss & C.O'Connor / A. Palmer & G. Dickinson ..	0-1
J. Jacklin & D.C. Thomas / D. Sanders & G. Brewer .	1-0
B.J. Hunt & N.C. Coles / R. Nichols & J. Pott.......	0-1
B.G.C. Huggett & G. Will / W. Casper & J. Boros ...	0-1
M. Gregson & H. Boyle / G. Dickinson & A. Palmer ..	0-1
A. Jacklin & D.C. Thomas / G. Littler & A. Geiberger	1-0
P. Allis & C. O'Connor / R. Nichols & J. Pott	0-1

Fourballs

P. Alliss & C. O'Connor / W. Casper & G. Brewer ...	0-1
B.J. Hunt & N.C. Coles / R. Nichols & J. Pott.......	0-1
A. Jacklin & D.C. Thomas / G. Littler & A. Geiberger	0-1
B. Huggett & G. Will / G. Dickinson & D. Sanders ...	0-1
B.J. Hunt & N.C. Coles / W. Casper & G. Brewer	0-1
P. Alliss & M. Gregson / G. Dickinson & D. Sanders .	0-1
G. Will & H. Boyle / A. Palmer & J. Boros..........	0-1
A. Jacklin & D.C. Thomas / G. Littler & A. Geiberger	½-½

Individuales

H. Boyle / G. Brewer	0-1
P. Alliss / W. Casper	0-1
A. Jacklin / A. Palmer	0-1
B.G.C. Huggett / J. Boros	1-0
N.C. Coles / D. Sanders	1-0
M. Gregson / A. Geiberger	0-1
D.C. Thomas / G. Littler..................	½-½
B.J. Hunt / R. Nichols	½-½
B.G.C. Huggett / A. Palmer	0-1
P. Alliss / G. Brewer	1-0
A. Jacklin / G. Dickinson	0-1
C. O'Connor / R. Nichols	0-1
G. Will / J. Pott	0-1
M. Gregson / A. Geiberger	0-1
B.J. Hunt / J. Boros	½-½
N.C. Coles / D. Sanders	1-0

GRAN BRETAÑA / USA......................	8½-23½

1969 Royal Birkdale, SOUTHPORT
Capitanes: E.C. Brown (GB), S. Snead (USA)

Foursomes

N.C. Coles & B. Huggett / M. Barber & R. Floyd	1-0
B. Gallacher & M. Bembridge / L. Trevino & K. Still..	1-0
A. Jacklin & P. Townsend / D. Hill & T. Aaron	1-0
C. O'Connor & P. Allis / W. Casper & F. Beard	½-½
N.C. Coles & B.G.C. Huggett / D. Hill & T. Aaron ...	0-1
B. Gallacher & M. Bembridge / L. Trevino & G. Littler	0-1
A. Jacklin & P. Townsend / W. Casper & F. Beard...	1-0
P.J. Buttler & B.J. Hunt / J. Nicklaus & D. Sikes	0-1

Fourballs

C. O'Connor & P. Townsend / D. Hill & D. Douglass .	1-0
B. Huggett & G.A. Caygill / R. Floyd & M. Barber....	½-½
B. Barnes & P. Alliss / L. Trevino & G. Littler	0-1
A. Jacklin & N.C. Coles / J. Nicklaus & D. Sikes	1-0
P.J. Butler & P. Townsend / W. Casper & F. Beard ..	0-1
B.G.C. Huggett & B. Gallacher / D. Hill & K. Still	0-1
M. Bembridge & B.J. Hunt / T. Aaron & R. Floyd	½-½
A. Jacklin & N.C. Coles / L. Trevino & M. Barber	½-½

Individuales

P. Alliss / L. Trevino	0-1
P. Townsend / D. Hill	0-1
N.C. Coles / T. Aaron	1-0
B. Barnes / W. Casper	0-1
C. O'Connor / F. Beard	1-0
M. Bembridge / K. Still	1-0
P.J. Butler / R. Floyd	1-0
A. Jacklin / J. Nicklaus	1-0
B. Barnes / D. Hill	0-1
B. Gallacher / L. Trevino	1-0
M. Bembridge / M. Barber	0-1
P.J. Butler / D. Douglass	1-0
N.C. Coles / D. Sikes	0-1
C. O'Connor / G. Littler	0-1
B.G.C. Huggett / W. Casper	½-½
A. Jacklin / J. Nicklaus..................	½-½

GRAN BRETAÑA / USA......................	16-16

1971 St. Louis, MISSOURI
Capitanes: E.C. Brown (GB), J. Hebert (USA)

Foursomes

N.C. Coles & C. O'Connor / W. Casper & M. Barber .	1-0
P. Townsend & P. Oosterhuis / A. Palmer & G. Dickinson	0-1
B. Huggett & A. Jacklin / J. Nicklaus & D. Stockton ..	1-0
M. Bembridge & P.J. Butler / C. Coody & F. Beard ..	1-0
H. Bannerman & B. Gallacher / W. Casper & M. Barber	1-0
P. Townsend & P. Oosterhuis / A. Palmer & G. Dickinson	0-1
B.G.H. Huggett & A. Jacklin / L. Trevino & M. Rudolph	½-½
M. Bembridge & P.J. Butler / J. Nicklaus & J.C. Snead	0-1

Fourballs

C. O'Connor & B. Barnes / L. Trevino & M. Rudolph .	0-1
N.C. Coles & J. Garner / F. Beard & J.C. Snead	0-1
P. Oosterhius & B. Gallacher / A. Palmer & G. Dickinson	0-1
P. Townsend & H. Bannerman / J. Nicklaus & G. Littler	0-1
B. Gallacher & P. Oosterhius / L. Trevino & W. Casper	1-0
A. Jacklin & B.G.C. Huggett / G. Littler & J.C. Snead	0-1
P. Townsend & H. Bannerman / A. Palmer & J. Nicklaus	0-1
N.C. Coles & C. O'Connor / C. Coody & F. Beard ...	½-½

Individuales

A. Jacklin / L. Trevino	0-1
B. Gallacher / D. Stockton	½-½

B. Barnes / M. Rudolph	1-0
P. Oosterhuis / G. Littler	1-0
P. Townsend / J. Nicklaus	0-1
C. O'Connor / G. Dickinson	0-1
H. Bannerman / A. Palmer	½-½
N.C. Coles / F. Beard	½-½
B.G.C. Hugget / L. Trevino	0-1
A. Jacklin / J.C. Snead	0-1
B. Barnes / M. Barber	1-0
P. Townsend / D. Stockton	0-1
B. Gallacher / C. Coody	1-0
N.C. Coles / J. Nicklaus	0-1
P. Oosterhuis / A. Palmer	1-0
H. Bannerman / G. Dickinson	1-0
GRAN BRETAÑA / USA	13½-18½

1973 Muirfield, SCOLTLAND
Capitanes: B.J. Hunt (GB), J. Burke (USA)

Foursomes

B.W. Barnes & B.J. Gallacher / L. Trevino & W.J. Casper	1-0
C. O'Connor & N.C. Coles / T. Weiskopf & J.C. Snead	1-0
A. Jacklin & P.A. Oosterhuis / J. Rodriguez & L. Graham	½-½
M.E. Bembridge & E. Polland / J.W. Nicklaus & A. Palmer	0-1
B.W. Barnes & P.J. Butler / J.W. Nicklaus & T. Weiskopf	0-1
P.A. Oosterhuis & A. Jacklin / A. Palmer & D. Hill	1-0
M.E. Bembridge & B. Huggett / J. Rodríguez & L. Graham	1-0
N.C. Coles & C. O'Connor / L. Tervino & W. Casper	0-1

Fourballs

B.W. Barnes & B.J. Gallacher / T. Aaron & G. Brewer	1-0
M.E. Bembridge & B.G.C. Huggett / A. Palmer & J.W. Nicklaus	1-0
A. Jacklin & P.A. Oosterhuis / T. Weiskopf & W.J. Casper	1-0
C. O'Connor & N.C. Coles / L. Trevino & H. Blancas	0-1
B.W. Barnes & P.J. Butler / J.C. Snead & A. Palmer	0-1
A. Jacklin & P.A. Oosterhius / G. Brewer & W.J. Casper	0-1
C. Clark & E. Polland / J.W. Nicklaus & T. Weiskopf	0-1
M.E. Bembridge & B. Hugguett / L. Trevino & H. Blancas	½-½

Individuales

B.W. Barnes / W.J. Casper	0-1
B.J. Gallacher / T. Weiskopf	0-1
P.J. Butler / H. Blancas	0-1
A. Jacklin / T. Aaron	1-0
N.C. Coles / G. Brewer	½-½
C. O'Connor / J.C. Snead	0-1
M.E. Bembridge / J.W. Nicklaus	½-½
P.A. Oosterhius / L. Trevino	½-½
B.G.C. Huggett / H. Blancas	1-0
B.W. Barnes / J.C. Snead	0-1
B.J. Gallacher / G. Brewer	0-1
A. Jacklin / W.J. Casper	0-1
N.C. Coles / L. Trevino	0-1

C. O'Connor / T. Weiskopf	½-½
M.E. Bembridge / J.W. Nicklaus	0-1
P.A. Oosterhius / A. Palmer	1-0
GRAN BRETAÑA / USA	13-19

1975 Laurel Valley, PENNSYLVANIA
Capitanes: B.J. Hunt (GB), A. Palmer (USA)

Foursomes

B.W. Barnes & B.J. Gallacher / J.W. Nicklaus & T. Weiskopf	0-1
N. Wood & M. Bembridge / G. Littler & H. Irwin	0-1
A. Jacklin & P. Oosterhius / A. Geiberger & J. Miller	0-1
T. Horton & J. O'Leary / L. Trevino & J.C. Snead	0-1
A. Jacklin & B.W. Barnes / L. Trevino & R. Murphy	1-0
C. O'Connor, Jr. & J. O'Leary / T. Weiskopf & J. Miller	0-1
P. Oosterhius & M. Bembridge / H. Irwin & W. Casper	0-1
E. Darcy & G.L. Hunt / G. Geiberger & L. Graham	0-1

Fourballs

P. Oosterhius & A. Jacklin / W.J. Casper & R. Floyd	1-0
E. Darcy & C. O'Connor, Jr. / T. Weiskopf & L. Graham	0-1
B. Barnes & B.J. Gallacher / J.W. Nicklaus & R. Murphy	½-½
T. Horton & J. O'Leary / L. Trevino & H. Irwin	0-1
P. Oosterhius & A. Jacklin / W.J. Casper & J. Miller	½-½
T. Horton & N. Wood / J.W. Nicklaus & J.C. Snead	0-1
B.W. Barnes & B.J. Gallacher / G. Littler & L. Graham	0-1
E. Darcy & G.L. Hunt / A. Geiberger & R. Floyd	½-½

Individuales

A. Jacklin / R. Murphy	0-1
P. Oosterhuis / J. Miller	1-0
B.J. Gallacher / L. Trevino	½-½
T. Horton / H. Irwin	½-½
B.G.C. Huggett / G. Littler	0-1
E. Darcy / W.J. Casper	0-1
G.L. Hunt / T. Weiskopf	0-1
B.W. Barnes / J.W. Nicklaus	1-0
A. Jacklin / R. Floyd	0-1
P. Oosterhius / J.C. Snead	1-0
B.J. Gallacher / A. Geiberger	½-½
T. Horton / L. Graham	1-0
J. O'Leary / H. Irwin	0-1
M. Bembridge / R. Murphy	0-1
N. Wood / L. Trevino	1-0
B.W. Barnes / J.W. Nicklaus	1-0
GRAN BRETAÑA / USA	11-21

1977, Royal Lytham & St. Annes, ST. ANNES
Capitanes: B. Huggett (GB), D. Finsterwald (USA)

Foursomes

B.J. Gallacher & B.W. Barnes / L. Wadkins & H. Irwin	0-1
N.C. Coles & P. Dawson / D. Stockton & J. McGee	0-1

N. Faldo & P. Oosterhuis / R. Floyd & L. Graham ... 1-0
E. Darcy & A. Jacklin / E. Sneed & D. January ..... ½-½
T. Horton & M. James / J.W. Nicklaus & T. Watson .. 0-1

Fourballs
B.W. Barnes & T. Horton / T. Watson & H. Green ... 0-1
N.C. Coles & P. Dawson / E. Sneed & L. Wadkins... 0-1
N. Faldo & P. Oosterhuis / J.W. Nicklaus & R. Floyd . 1-0
A. Jacklin & E. Darcy / D. Hill & D. Stockton 0-1
M. James & K. Brown / H. Irwin & L. Graham....... 0-1

Individuales
H. Clark / L. Wadkins 0-1
N.C. Coles / L. Graham 0-1
P. Dawson / D. January 1-0
B.W. Barnes / H. Irwin 1-0
T. Horton / D. Hill 0-1
B.J. Gallacher / J.W. Nicklaus 1-0
E. Darcy / H. Green 0-1
M. James / R. Floyd 0-1
N. Faldo / T. Watson 1-0
P. Oosterhuis / J. McGee 1-0

GRAN BRETAÑA / USA 7½-12½

1979 Greenbrier, WEST VIRGINIA
Capitanes: J. Jacobs (Europa), W. Casper (USA)

Fourballs
A. Garrido & S. Ballesteros / L. Wadkins & L. Nelson 0-1
K. Brown & M. James / L. Trevino & F. Zoeller...... 0-1
P. Oosterhuis & N. Faldo / A. Bean & L. Elder 0-1
B. Gallacher & B. Barnes / H. Irwin & J. Mahaffey ... 1-0
S. Ballesteros & A. Garrido / L. Wadkins & L. Nelson 0-1
A. Jacklin & A. Lyle / H. Irwin & T. Kite 0-1
B. Gallacher & B. Barnes / L. Trevino & F. Zoeller... 1-0
N. Faldo & P. Oosterhuis / L. Elder & M. Hayes..... 1-0

Foursomes
K. Brown & D. Smyth / H. Irwing & T. Kite 0-1
S. Ballesteros & A. Garrido / F. Zoeller & H. Green .. 1-0
A. Lyle & A. Jacklin / L. Trevino & G. Morgan ...... ½-½
B. Gallacher & B. Barnes / L. Wadkins & L. Nelson.. 0-1
A. Jacklin & A. Lyle / L. Elder & J. Mahaffey 1-0
N. Faldo & P. Oosterhuis / A. Bean & T. Kite 1-0
B. Gallacher & B. Barnes / F. Zoeller & M. Hayes ... 1-0
S. Ballesteros & A. Garrido / L. Wadkins & L. Nelson 0-1

Individuales
B. Gallacher / L. Wadkins 1-0
S. Ballesteros / L. Nelson 0-1
A. Jacklin / T. Kite 0-1
A. Garrido / M. Hayes.......................... 0-1
M. King / A. Bean 0-1

B. Barnes / J. Mahaffey 0-1
N. Faldo / L. Elder 1-0
D. Smyth / H. Irwin 0-1
P. Oosterhuis / H. Green 0-1
K. Brown / F. Zoeller 1-0
A. Lyle / L. Trevino 0-1
M. James / G. Morgan .... ½-½

EUROPA / USA................................ 11-17

1981 Walton Heath Golf Club, SURREY
Capitanes: J. Jacobs (Europa), D. Marr (USA)

Foursomes
B. Langer & M. Piñero / L. Trevino & L. Nelson 0-1
A. Lyle & M. James / B. Rogers & B. Lietzke 1-0
B. Gallacher & D. Smyth / H. Irwin & R. Floyd 1-0
O. Osterhuis & N. Faldo / T. Watson & J. Nicklaus .. 0-1
P. Oosterhuis & S. Torrance / L. Trevino & L. Pate .. 0-1
B. Langer & M. Pinero / J. Nicklaus & T. Watson 0-1
A. Lyle & M. James / B. Rogers & R. Floyd......... 0-1
D. Smyth & B. Gallacher / T. Kite & L. Nelson 0-1

Fourballs
S. Torrance & H. Clark / T. Kite & J. Miller .... ½-½
A. Lyle & M. James / B. Crenshaw & J. Pate 1-0
D. Smyth & J.M. Cañizares / B. Rogers & B. Lietzke . 1-0
B. Gallacher & E. Darcy / H. Irwin & R. Floyd 0-1
N. Faldo & S. Torrance / L. Trevino & J. Pate....... 0-1
A. Lyle & M. James / L. Nelson & T. Kite........... 0-1
B. Langer & M. Piñero / R. Floyd & H. Irwin 1-0
J.M. Cañizares & D. Smyth / J. Nicklaus & T. Watson 0-1

Individuales
S. Torrance / L. Trevino 0-1
A. Lyle / T. Kite............................. 0-1
B. Gallacher / B. Rogers .... ½-½
M. James / L. Nelson 0-1
D. Smyth / B. Crenshaw 0-1
B. Langer / B. Lietzke........................ ½-½
M. Piñero / P. Pate 1-0
J.M. Cañizares / H. Irwin 0-1
N. Faldo / J. Miller 1-0
H. Clark / T. Watson 1-0
P. Oosterhuis / R. Floyd 0-1
E. Darcy / J. Nicklaus 0-1

EUROPA / USA................................ 9½-18½

1983 PGA National Golf Club, Palm Beach Gardens, FLORIDA
Capitanes: A. Jacklin (Europa), J. Nicklaus (USA)

Foursomes
B. Gallacher & A. Lyle / T. Watson & B. Crenshaw .. 0-1
N. Faldo & B. Langer / L. Wadkins & C. Stadler 1-0

S. Ballesteros & P. Way / T. Kite & C. Peete	0-1
J.M. Cañizares & S. Torrance / R. Floyd & B. Gilder .	1-0
N. Faldo & B. Langer / T. Kite & R. Floyd	1-0
B. Waites & K. Brown / J. Hass & C. Strange	0-1
S. Torrance & J.M. Cañizares / G. Morgan & L. Wadkins	0-1
S. Ballesteros & P. Way / T. Watson & B. Gilder	1-0

Fourballs

B. Waites & K. Brown / G. Morgan & F. Zoeller	1-0
N. Faldo & B. Langer / T. Watson & J. Haas	0-1
S. Ballesteros & P. Way / R. Floyd & C. Strange	1-0
S. Torrance & I. Woosnam / B. Crenshaw & C. Peete	½-½
B. Waites & K. Brown / L. Wadkins & C. Stadler	0-1
N. Faldo & B. Langer / B. Crenshaw & C. Peete	1-0
S. Ballesteros & P. Way / G. Morgan & J. Haas	½-½
S. Torrance & I. Woosnam / T. Watson & B. Gilder ..	0-1

Individuales

S. Ballesteros / F. Zoeller	½-½
N. Faldo / J. Haas	1-0
B. Langer / G. Morgan	1-0
G.J. Brand / B. Gilder	0-1
A. Lyle / B. Crenshaw	0-1
B. Waites / C. Peete	0-1
P. Way / C. Strange	1-0
S. Torrance / T. Kite	½-½
I. Woosnam / C. Stadler.........................	0-1
J.M. Cañizares / L. Wadkins	½-½
K. Brown / R. Floyd	1-0
B. Gallacher / T. Watson	0-1

EUROPA / USA................................	13½-14½

1985 The Belfry G & CC, Sutton Coldfield, W. MIDLANDS
Capitanes: A. Jacklin (Europa), L. Trevino (USA)

Foursomes

S. Ballesteros & M. Piñero / C. Strange & M. O'Meara	1-0
B. Langer & N. Faldo / C. Peete & T. Kite..........	0-1
A. Lyle & K. Brown / L. Wadkins & R. Floyd	0-1
H. Clark & S. Torrance / C. Stadler & H. Sutton	0-1
J.M. Cañizares & J. Rivero / T. Kite & C. Peete	1-0
S. Ballesteros & M. Piñero / C. Stadler & H. Sutton..	1-0
P. Way & I. Woosnam / C. Strange & P. Jacobsen ..	0-1
B. Langer & K. Brown / R. Floyd & L. Wadkins	1-0

Fourballs

P. Way & I. Woosnam / F. Zoeller & H. Green	1-0
S. Ballesteros & M. Piñero / A. North & P. Jacobsen .	1-0
B. Langer & J.M. Cañizares / C. Stadler & H. Sutton.	½-½
S. Torrance & H. Clark / R. Floyd & L. Wadkins.....	0-1
S. Torrance & H. Clark / T. Kite & A. North	1-0
P. Way & I. Woosnam / H. Green & F. Zoeller	1-0
S. Ballesteros & M. Piñero / M. O'Meara & L. Wadkins	0-1
B. Langer & A. Lyle / C. Stadler & C. Strange	½-½

Individuales

M. Piñero / L. Wadkins...........................	1-0
I. Woosnam / C. Stadler..........................	0-1
P. Way / R. Floyd	1-0
S. Ballesteros / T. Kite	½-½
A. Lyle / P. Jacobsen	1-0
B. Langer / H. Sutton	1-0
S. Torrance / A. North	1-0
H. Clark / M. O'Meara	1-0
J. Rivero / C. Peete	0-1
N. Faldo / H. Green	0-1
J.M. Cañizares / F. Zoeller	1-0
K. Brown / C. Strange	0-1

EUROPA / USA................................	16½-11½

1987 Muirfield Village, COLUMBUS, OHIO
Capitanes: A. Jacklin (Europa), J.W. Nicklaus (USA)

Foursomes

S. Torrance & H. Clark / C. Strange & T. Kite.......	0-1
K. Brown & B. Langer / H. Sutton & D. Pohl	0-1
N. Faldo & I. Woosnam / L. Wadkins & L. Mize	1-0
S. Ballesteros & J.M. Olazabal / L. Nelson & P. Stewart	1-0
J. Rivero & G. Brand, Jr. / C. Strange & T. Kite	0-1
N. Faldo & I. Woosnam / H. Sutton & L. Mize	½-½
A. Lyle & B. Langer / L. Wadkins & L. Nelson	1-0
S. Ballesteros & J.M. Olazabal / B. Crenshaw & P. Stewart..	1-0

Fourballs

G. Brand Jr. & J. Rivero / B. Crenshaw & S. Simpson	1-0
A. Lyle & B. Langer / A. Bean & M. Calcavecchia ...	1-0
N. Faldo & I. Woosnam / H. Sutton & D. Pohl.......	1-0
S. Ballesteros & J.M. Olazabal / C. Strange & T. Kite	1-0
N. Faldo & I. Woosnam / C. Strange & T. Kite	1-0
E. Darcy & G. Brand Jr / A. Bean & P. Stewart......	0-1
S. Ballesteros & J.M. Olazabal / H. Sutton & L. Mize .	0-1
A. Lyle & B. Langer / L. Wadkins & L. Nelson	1-0

Individuales

I. Woosnam / A. Bean	0-1
H. Clark / D. Pohl	1-0
S. Torrance / L. Mize	½-½
N. Faldo / M. Calavecchia	0-1
J.M. Olazabal / P. Stewart	0-1
J. Rivero / S. Simpson	0-1
A. Lyle / T. Kite	0-1
E. Darcy / B. Crenshaw	1-0
B. Langer / L. Nelson	½-½
S. Ballesteros / C. Stange	1-0
K. Brown / L. Wadkins	0-1
G. Brand Jr. / H. Sutton	½-½

EUROPA / USA.................................	15-13

CAMPOS DE GOLF EN ESPAÑA

GOLF ALMERIMAR (1976)
Golf Hotel Almerimar. El Ejido
04700 Almería
Tel. (951) 48 02 34
Situación y acceso: A 35 km. de
Almería por la carretera general
Almería-Málaga.
Número de hoyos: 18
Barras blancas: 6.111 metros
Par: 72. SSS: 72
Barras amarillas: 5.928 metros
Par: 72. SSS: 71
Barras rojas: 5.324 metros
Par: 72. SSS: M68-F73

**CLUB DE GOLF
ALT URGELL (1988)**
Hotel El Castell.
Castellciutat. Lérida.

ATALAYA PARK (1968)
Estepona (Málaga)
Tel. (952) 78 18 94
Situación y acceso: Entre Marbella
y Estepona, Km. 175 de la
Nacional 340.
Número de hoyos: 18
Barras blancas: 6.272 metros
Par: 72. SSS: 73
Barras amarillas: 6.044 metros
Par: 72. SSS: 72
Barras rojas: 5.326 metros
Par: 72 SSSM: M68-F73

ALOHA GOLF (1975)
Nueva Andalucía. Marbella (Málaga)
Tel. (952) 81 23 88/89/90
Situación y acceso: Frente al Puerto
de Banús, a 8 km. de Marbella y 57
de Málaga.
Número de hoyos: 18
Barras blancas: 6.261 metros
Par: 72. SSS: 74
Barras amarillas: 5.951 metros
Par: 72. SSS: 72
Barras rojas: 5.182 metros
Par: 72. SSS: M68-F72

**CENTRO DEPORTIVO
BARBERAN (1967)**
Cuatro Vientos: Madrid
Tel. (91) 218 85 05 - 218 98 69
Situación y acceso: En Cuatro Vientos,
a 10 km. de Madrid.
Número de hoyos: 9
Barras blancas: 6.127 metros
Par: 71. SSS: 72
Barras amarillas: 5.915 metros
Par: 71. SSS: 71
Barras rojas: 5.236 metros
Par: 74. SSS: M68-F72

**CLUB DEPORTIVO LA
BARGANIZA (1982)**
Tel. (985) 74 24 67
Situación geográfica: A 12 Km. de
Oviedo y 14 de Gijón.

Número de hoyos: 18
Barras blancas: 5.298 metros
Par: 70. SSS: 70
Barras amarillas:
Par: 70. SSS: 69
Barras rojas: 4.590 metros
Par: 70. SSS: M66-F69

CLUB DE GOLF BELLAVISTA (1976)
Carretera de Huelva-Aljaraque. Km. 6.
Huelva.
Tel. (955) 31 90 17
Situación y acceso: En margen
derecho de la carretera de Huelva a
Punta Umbría. Término municipal de
Aljaraque.
Número de hoyos: 9
Barras blancas: 6.252 metros
Par: 72. SSS: 73
Barras amarillas: 6.052 metros
Par: 72. SSS: 72
Barras rojas: 5.246 metros
Par: 72. SSS: M68-F72

CLUB DE GOLF «EL BOSQUE» (1975)
Carretera Godelleta. Km. 4.100
46370 Chiva-Valencia
Tel. (96) 251 10 11 - 251 11 01
Situación y acceso: Por carretera
Valencia-Godelleta.
Número de hoyos: 18

Barras blancas: 6.224 metros
Par: 72. SSS: 74
Barras amarillas: 5.826 metros
SSS: 73
Barras azules: 5.791 metros
SSS: 75
Barras rojas: 5.171 metros
SSS: 72

CLUB DE GOLF LAS BRISAS (1968)
Nuevandhotel. Marbella (Málaga)
Télex. 77783 MIGO E
Tel. (952) 81 08 75 - 81 17 50
Situación geográfica: Entre San Pedro
de Alcántara y Marbella en la carretera
general de Málaga a Cádiz. Km. 181.
A 60 Km. del aeropuerto de Málaga.
Número de hoyos: 18
Barras blancas: 6.198 metros
Par: 72. SSS: 73
Barras amarillas: 5.886 metros
Par: 72. SSS: 72
Barras rojas: 5.150 metros
Par: 72. SSS: M68-F73

REAL GOLF BENDINAT (1986)
Urbanización Bendinat.
Formentera, s/n.
Calviá. Mallorca
Tel. (971) 40 52 00
Télex. 68796 BEIL
Fax. (971) 40 42 01

CAMPOS DE GOLF EN ESPAÑA

CLUB DE CAMPO
Situación geográfica: Carretera de Andraitx a 15 Km. de Palma
Número de hoyos: 9
Barras amarillas: 2.327 metros
Barras blancas: 2.136 metros
Barras azules: 1.976 metros

CLUB DE CAMPO LA BILBAINA (1976)
Laukariz-Munguia (Vizcaya)
Tel. (94) 674 08 58 - 674 04 62
Situación y acceso: En la carretera de Bilbao a Bermeo antes de Munguia, tomando desviación a la derecha con indicación a Laukariz.
Número de hoyos: 18
Barras blancas: 6.481 metros
Par: 72. SSS: 76
Barras amarillas: 6.112 metros
Par: 72. SSS: 74
Barras rojas: 5.266 metros
Par: 72. SSS: M70-F74

CLUB DE GOLF CAMPRODON (1988)
Calle Bac de Sant Pere, s/n.
17867 Camprodón (Gerona)

CLUB DE GOLF CAN BOSCH (1986)
Avda. Diagonal, 650, 1º. 2ª
08017 Barcelona
Tel. (93) 205 72 62
Situación y acceso: A unos 25 Km. de Barcelona.

CLUB EL CANDADO (1968)
Urbanización El Candado.
El Palo. Málaga.
Tel. (952) 29 93 40.
Situación y acceso: A 4 Km. del centro de la ciudad en la carretera de Málaga-Almería.
Número de hoyos: 9
Barras amarillas: 4.664 metros
Par: 68. SSS: 66
Barras rojas: 4.060 metros
Par: 70. SSS: M63-F66

CANYAMEL GOLF CLUB (1988)
Urb. Canyamel. Casa del Guarda.
Carretera de las Cuevas de Artá.
07580 Capdepera (Mallorca)
Tel. (971) 56 44 57
Situación: A 60 Km. de Palma
Carretera de las Cuevas de Artá.

CLUB DE GOLF CAÑADA
Calle Carretera, s/n. Guadiaro (Cádiz)
Situación y acceso: En la barriada de Guadiaro (San Roque).

REAL SOCIEDAD HIPICA ESPAÑOLA
CLUB DE CAMPO (1932)
Fernanflor, 6, 3º. - 28014 Madrid
Tel. 91 Centralita: 429 88 89

CASINO ABULENSE (1985)
Gabriel y Galán. 2

05001 Avila
Federado sin campo.

CLUB DE GOLF CASTIELLO (1958)
Apartado. 161 - Gijón
Tel. (985) 36 63 13
Situación y acceso: A 5 Km. de Gijón.
Número de hoyos: 18
Barras amarillas: 4.814 metros
Barras rojas: 4.277 metros
Par: 68. SSS: 67

REAL CLUB DE GOLF DE CERDAÑA (1929)
Apartado de correos. 63
Puigcerdá (Gerona)
Tel. (972) 88 13 38 - 88 09 50
Situación y acceso: En Cerdaña. a 1 Km. de Puigcerdá (Gerona)
Número de hoyos: 18
Barras blancas: 5.856 metros
Par: 71. SSS: 71
Barras amarillas: 5.736 metros
Par: 71. SSS: 70
Barras azules: 4.978 metros
Par: 71. SSS: M66-F71
Barras rojas: 4.875 metros
Par: 71. SSS: M66-F70

CLUB DE CAMPO
VILLA DE MADRID (1932)
Ctra. Castilla. Km. 2
28040 Madrid

Tel. (91) 357 21 32 - 449 07 26
Situación y acceso: En la Casa de campo y monte de El Pardo. por la carretera de Castilla. Km. 4.700.
Número de hoyos: 27
Barras blancas: A+B 6.370: A+C 6.158: B+C 6.004 metros
Par: 72-70-70. SSS: 74-73-72
Barras amarillas: A+B 6.118: A+C 5.893: B+C 5.747 metros
Par: 72-70-70. SSS: 73-72-71
Barras azules: A+B 5.328: A+C 5.153: B+C 5.153 metros
Par: 72-71-71. SSS: 74-73-73
Barras rojas: A+B 5.122: A+C 4.993: B+C 4.973 metros
Par: 72-71-71. SSS: M-68-68-67 y F-73-72-72

CLUB DE GOLF DE LA CORUÑA (1962)
Apartado de correos. 737
La Coruña
Tel. (981) 28 52 00 - 28 47 86
Situación y acceso: En Arteijo. a 7 Km. de La Coruña. carretera provincial.
Número de hoyos: 18
Barras blancas: 6.037 metros
Par: 72. SSS: 72
Barras amarillas: 5.918 metros
Par: 72. SSS: 71
Barras rojas: 5.253 metros
Par: 74. SSS: M68-F72

CAMPOS DE GOLF EN ESPAÑA

CORTIJO GRANDE CLUB DE GOLF (1976)
Cortijo Grande
Turre (Almería)
Tel. Número 99 de Turre.
Situación geográfica: En un huerto de naranjos. próximo a Turre y Mojácar a 4 Km. del mar y a 86 del aeropuerto de Almería.
Número de hoyos: 18
Barras blancas: 6.024 metros
Par: 72. SSS: 71
Barras amarillas: 5.539 metros
Par: 72. SSS: 69
Barras rojas: 4.801 metros
Par: 72. SSS: M-66-F70

CLUB DE GOLF COSTA DE AZAHAR (1960)
Carretera Grao-Benicasim. s/n.
Grao de Castellón (Castellón)
Tel. (964) 22 70 64 - 22 04 08
Situación y acceso: Junto a la carretera. Centro zona turística.
Número de hoyos: 9
Barras blancas: 5.448 metros
Par: 70. SSS: 70
Barras rojas: 4.770 metros
Par: 70. SSS: M63-F67

CLUB DE GOLF COSTA BRAVA (1968)
«La Masía»
Santa Cristina de Aro (Gerona)
Tel. (972) 83 71 50/52
Situación y acceso: A 110 Km. de Barcelona. 30 de Gerona. 6 de Playa de Aro y S. Agaró, 5 de Sant Feliu de Guixols.
Número de hoyos: 18
Barras blancas: 5.558 metros
Par: 70. SSS: 69
Barras amarillas: 5.337 metros
Par: 70. SSS: 68
Barras azules: 4.833 metros
Par: 70. SSS: M-65-F69
Barras rojas: 4.645 metros
Par: 70. SSS: M64-F68

CLUB DE GOLF COSTA DORADA (1983)
Apartado de correos. 600. Tarragona
Tel. (977) 65 54 16
Situación y acceso: Carretera Catllar/Cruce Cn 340-Tarragona
Número de hoyos: 9
Barras blancas: 5.944 metros
Par: 72. SSS: 73
Barras amarillas: 5.760 metros
Par: 72. SSS: 72
Barras azules: 5.052 metros
Par: 72. SSS: M69-F73
Barras rojas: 4.896 metros
Par: 72. SSS: M68-F72

CLUB DE GOLF TEGUISE (1980)
Apartado correos. 170
Arrecife de Lanzarote
Tel. (928) 81 35 12 - 81 26 56
Télex. 95363 ERTC E
Situación y acceso: Urbanización Costa Teguise. Lanzarote.
Número de hoyos: 9
Barras blancas: 5.598 metros
SSS: 69
Barras rojas: 5.354 metros
SSS: M68-F73

CLUB DE GOLF DON CAYO (1974)
Conde de Altea, 49. Altea (Alicante)
Tel. (956) 84 80 46
Situación y acceso: A 4 Km. de Altea. junto enlace Altea autopista del Mediterráneo.
Número de hoyos: 9
Barras blancas: 6.156 metros
Par: 72. SSS: 72
Barras amarillas: 6.044 metros
Par: 72. SSS: 72
Barras rojas: 5.360 metros
Par: 76. SSS: M68-F73

EAGLE CLUB DE GOLF, S.A. (1988)
Rodríguez San Pedro, 8
28015 Madrid
Tel. (91) 446 15 12
Fax. 448 58 07

CLUB DE GOLF ESCORPION (1975)
Apartado. 1. Bétera (Valencia)
Tel. (96) 160 12 11
Situación geográfica: Carretera de Valencia a Liria. desviándose a la altura de San Antonio de Benageber. 4 Km. a la derecha en dirección a Bétera. Campo Masia Torre En Conill.
Número de hoyos: 18
Barras blancas: 6.239 metros
Par: 72. SSS: 73
Barras amarillas: 6.038 metros
Par: 72. SSS: 72
Barras rojas: 5.266 metros
Par: 72. SSS: M68-F73

GOLF LA DUQUESA
Urbanización El Hacho.
Sabanillas-Manilva (Málaga)
Tel. (952) 89 03 00
Télex. 77606 DQSAE
Situación y acceso: Km. 149-150 de la carretera Nacional 340. a 10 Km. de Estepona y 20 de Gibraltar.
Número de hoyos: 18
Barras blancas: 6.142 metros
Par: 72. SSS: 72
Barras amarillas: 5.672 metros
Par: 72. SSS: 70
Barras azules: 5207 metros
Par: 72. SSS: 67
Barras rojas: 4.772 metros
Par: 72. SSS: 66

CAMPOS DE GOLF EN ESPAÑA

LAS ENCINAS DE BOADILLA (1984)
Boadilla del Monte (Madrid)
Tel. (91) 633 11 00
Situación y acceso: Carretera de
Boadilla a Pozuelo; Km. 1.400
Boadilla del Monte (Madrid)
Número de hoyos: 9
Barras amarillas: 1.464 metros
Par: 54. SSS: 50

CLUB DE GOLF LA GARZA (1984)
La Ermita, 2
Linares (Jaén)
Tel. (953) 69 35 90 - 69 16 03

GRANADA CLUB DE GOLF
Reyes Católicos, 1
18001 Granada
Tel. (958) 22 95 78
Situación y acceso: Término municipal
de Las Gabias, a 8 Km. de Granada.
Número de hoyos: 18

**GUADALHORCE CLUB DE
GOLF (1988)**
Apartado 157. 29080 Málaga
Tel. (972) 81 82 20
Situación: A 8 Km. del centro de
Málaga, en la carretera de Campanilla.

GOLF GUADALMINA (1959 y 1973)
Campos sur y norte.
Guadalmina Alta.

San Pedro de Alcántara (Málaga)
Tel. (952) 78 13 77
Télex. 77058
Situación y acceso: A 68 Km. de
Málaga y a 12 Km. de Marbella.
Número de hoyos: 36
Sur:
Barras blancas: 6.200 metros
Par: 72. SSS: 72
Barras amarillas: 5.910 metros
Par: 72. SSS: 71
Barras azules: 5.320 metros
Par: 72. SSS: 70
Barras rojas: 5.240 metros
Par: 72. SSS: M66-F71
Norte:
Barras blancas: 6.060 metros
Par: 72. SSS: 72
Barras amarillas: 5.735 metros
Par: 72. SSS: 72
Barras azules: 5.310 metros
Par: 72. SSS: 72
Barras rojas: 4.940 metros
Par: 72. SSS: M66-F70

GOLF RUSTICO EL HIGUERAL (1984)
Rascón, 27
21001 Huelva
Tel. (955) 24 93 18
Situación: En El Rompido

HERRERIA CLUB DE GOLF (1968)
Herreria Club de Golf.

San Lorenzo del Escorial (Madrid)
Tel. (91) 890 51 11 - 890 52 44
Situación y acceso: A 50 Km. de
Madrid, en las Sierras de Guadarrama.
Término Municipal de San Lorenzo de
El Escorial.
Número de hoyos: 18
Barras amarillas: 6.050 metros
Par: 72. SSS: 72
Barras rojas: 5.108 metros
Par: 72. SSS: M67-F72

CLUB DE GOLF JAVEA (1981)
Carretera de Javea a Benitachell.
Km. 4.5. Javea (Alicante)
Situación geográfica: En la partida de
Lluca, término municipal de Jávea. A
100 Km. de Valencia y 80 Km. de
Alicante.
Tel. (96) 597 25 85
Número de hoyos: 9
Barras blancas: 6.070 metros
Par: 72. SSS: 72
Barras rojas: 5.330 metros
Par: 72. SSS: M68-F73

CLUB DE GOLF IFACH (1974)
Hermosilla, 64. 5º 28001 Madrid
Situación y acceso: Carretera Moraira-
Calpe. Km 3. Urbanización San Jaime.
Benisa (Alicante).
A 13 km de Calpe y a 5 km de
Moraira.

Número de hoyos: 9
Barras blancas: A+A 3.408 metros
Par: 60. SSS: 59
Barras amarillas: 3.228 metros
Par: 60. SSS: 58
Barras rojas: 2.796 metros
Par: 60. SSS: M55-F58

CLUB DE GOLF LLAVANERAS (1945)
San Andrés de Llavaneras (Barcelona).
Tel.: (93) 792 60 50
Situación y acceso: A 34 km de
Barcelona y 130 de la frontera
francesa, sobre la autopista de
Barcelona a Mataró a 4 km.
Número de hoyos: 9
Barras blancas: 4.298 metros
Par: 66. SSS: 63
Barras amarillas: 4.114 metros
Par: 62. SSS: 62
Barras azules: 3.654 metros
Par: 66. SSS: M59-F63
Barras rojas: 3.498 metros
Par: 66. SSS: M60-F62

CLUB DE CAMPO DE MALAGA (1925)
Apartado 324. Málaga.
Tel.: (952) 38 11 20/21
Situación y geográfica: A 9 km de
Málaga y a 4 de Torremolinos.
Número de hoyos: 18
Barras blancas: 6.173 metros
Par: 72. SSS: 72
Barras amarillas: 6.051 metros

CAMPOS DE GOLF EN ESPAÑA

Par: 72. SSS: 72
Barras rojas: 5.295 metros
Par: 72. SSS: M68-F72

CLUB DE GOLF LOMAS-BOSQUE
Urbanización El Bosque. Villaviciosa de Odón. Apartado, 51. (Madrid).
Tel.: (91) 616 21 70 / 616 23 82
Situación y acceso: Villaviciosa de Odón.
Número de hoyos: 18
Barras blancas: 6.141 metros
Par: 72. SSS: 74.
Barras amarillas: 5.833 metros
Par: 72. SSS: 72
Barras azules: 5.262
Par: 72. SSS: M68-F72
Barras rojas: 4.969 metros
Par: 72. SSS: M68-F72

LA MANGA CAMPO DE GOLF (1971)
Los Belones. Cartagena.
Tel.: (968) 56 45 11 - Télex: 67798 MGOF
Situación y acceso: A 30 km de Cartagena, 75 km de Murcia y 100 km de Alicante. Acceso: Carretera y Aeropuerto Murcia.
Número de hoyos: 36
Norte
Barras blancas: 5.884 metros
Par: 70. SSS: 71
Barras amarillas: 5651 metros

Par: 70. SSS: 69
Barras rojas: 5.307 metros
Par 72. SSS: M68-F73
Sur
Barras blancas: 6.238 metros
Par: 72. SSS: 73
Barras amarillas: 5.925 metros
Par: 72. SSS: 71
Barras rojas: 5.519 metros
Par: 72. SSS: M69-F74

**CAMPO DE GOLF
DE MANISES (1964)**
Apartado 22.029. Valencia.
Tel.: (96) 379 08 50
Situación geográfica: En Manises. a 12 km de Valencia.
Número de hoyos: 9
Barras amarillas: 6.152 metros
Par 72 SSS: 73
Barras rojas: 5.328 metros
Par: 72. SSS: M68-F73

**CLUB POLIDEPORTIVO
MAR MENOR (1985)**
Santiago de La Ribera. Murcia.
Tel.: (968) 57 00 21

CLUB DE GOLF MATALEÑAS
Apartado 760. Santander.
Tel.: (942) 31 17 41
Situación y acceso: Finca de Mataleñas. junto al Faro de Cabo Mayor.

Campo de prácticas y 9 hoyos en juego.

**REAL CLUB DE GOLF
DE MENORCA (1976)**
Apartado 97. Mahón (Menorca).
Tel.: (971) 36 37 00
Situación geográfica: En la Urbanización «Sangri-La» a 7 km de Mahón al norte. en el paraje conocido por «Es Grao».
Número de hoyos: 9
Barras amarillas: 5.724 metros
Par: 70. SSS: 70
Barras rojas: 5.270 metros
Par: 70. SSS: M68-F72.

CAMPO DE GOLF MASPALOMAS (1968)
Avda. de Africa. s/n. —Maspalomas— 35100 Las Palmas de Gran Canaria.
Tel.: (928) 76 25 81 / 76 73 43
Situación geográfica: A 58 km de Las Palmas y a 28 del Aeropuerto. situado en el centro de la zona turística del Sur de la isla de Gran Canaria.
Número de hoyos: Recorrido de 18 hoyos.
Par: 72 SSS: 72
Barras blancas: 6.216 metros
Barras amarillas: 6.036 metros
Barras azules: 5.407 metros
Barras rojas: 5.238 metros

**CLUB DE CAMPO DEL
MEDITERRANEO (1978)**
Urbanización La Coma. s/n. Borriol (Castellón).
Tel.: (964) 32 12 27
Situación y acceso: Urbanización La Coma s/n. Borriol (Castellón).
Número de hoyos: 18
Barras blancas: 6.239 metros
Par 72 SSS: 73
Barras amarillas: 6.038 metros
Par: 72 SSS: 72
Barras azules: 5.399
Par: 72. SSS: 73
Barras rojas: 5.266 metros
Par 72 SSS: M67-F72

CLUB DE GOLF DE MIJAS (1976)
Hotel Las Palmas. Fuengirola (Málaga)
Tel.: (952) 47 68 43
Télex: 77202
Situación y acceso: A 3 km de Fuengirola por la carretera vieja de Coín
Número de hoyos: 36

Los Lagos:
Barras blancas: 6.348 metros
Par: 71 SSS: 74
Barras amarillas: 5.975 metros
Par: 71. SSS: 72
Barras rojas: 5.187 metros
Par: 71. SSS: M67-F72

CAMPOS DE GOLF EN ESPAÑA

Los Olivos
Barras blancas: 5.896 metros
Par: 72 SSS: 72
Barras amarillas: 5.545 metros
Par: 72. SSS: 70
Barras rojas: 4.667 metros
Par: 72. SSS: M65-F70

CLUB DE GOLF MIRAFLORES (1988)
C/. Bustarviejo 050. Miraflores de la Sierra (Madrid).
Tel.: (91) 844 44 71
Télex: 47730 tota E
Fax: (91) 410 59 92
Situación geográfica: Km 46 Carretera Madrid-Miraflores de la Sierra.
Número de hoyos: 9
Par: 72

LOS MORISCOS CLUB DE GOLF (1974)
C/. Recogidas, 11, 18002 (Granada).
Dirección telegráfica: 78402 COGRA E
Tel.: (958) 60 04 12 / 60 03 06
Situación geográfica: En el término municipal de Motril, a 8 km de esta ciudad y a 5 del pueblo de Salobreña. Al final de la nueva carretera de Bailén a Motril.
Número de hoyos: 9
Barras amarillas: 5.702 metros

Par: 70. SSS: 71
Barras rojas: 5.032 metros
Par: 72 SSS: M68-F72

MURCIA CLUB DE GOLF (1988)
San Andrés. 5. 30005 Murcia.
Tel.: (968) 29 42 97

GOLF LA MORALEJA (1976)
Alcobendas (Madrid).
Tel.: (91) 650 07 00
Situación geográfica: En la carretera de Madrid a Burgos, Km 8.500.
Número de hoyos: 18
Barras blancas: 6.016 metros
Par: 72. SSS: 72
Barras amarillas: 5.702 metros
Par: 72. SSS: 71
Barras azules: 5.210 metros
Par: 72 SSS: 73
Barras rojas: 4.997 metros
Par: 72. SSS: M68-F72

REAL SOCIEDAD DE GOLF DE NEGURI (1911)
Apartado de correos. 9. Algorta (Vizcaya).
Tel.: (94) 469 02 00 / 469 02 08
Situación y acceso: La Galea. Guecho (Vizcaya).
Número de hoyos: 18
Barras blancas: 6.319 metros
Par: 72. SSS: 73

Barras amarillas: 6.104 metros
Par: 72 SSS: 72
Barras rojas: 5.126 metros
Par: 72 SSS: M67-F72

CLUB DE GOLF NERJA (1983)
Apartado de correos. 154. Nerja (Málaga).
Télex: 77715 INMOE
Tel.: (952) 52 02 08
Situación y acceso: Salida de Nerja. dirección Málaga a Almería. a 1 Km de Nerja y a 10 metros de la Urbanización Nerja Golf.
Número de hoyos: 9
Par: 58. SSS: 59

NUEVO CLUB DE GOLF DE MADRID (1972)
N. C. de Golf, Las Matas (Madrid).
Tel.: (91) 630 08 20
Situación y acceso: Km 26, carretera de La Coruña.
Número de hoyos: 18
Barras blancas: 5.647 metros
Par: 70. SSS: 70
Barras amarillas: 5.402 metros
Par: 70. SSS: 70
Barras azules: 4.914 metros
Par: 70. SSS: 71
Barras rojas: 4.763 metros
Par: 70. SSS: M67-F70

NORBA CLUB DE GOLF (1988)
Federado sin campo.
Gil Cordero. 5. 1.º 10001 Cáceres.
Tel.: (927) 24 47 93

NUEVA ANDALUCÍA (LOS NARANJOS) (1977)
Apartado 64. Nueva Andalucía.
Málaga 29660
Dirección telegráfica: Nuevadhotel.
Marbella - Málaga.
Télex: 77783 MIGO-E
Fax: (952) 81 40 58
Tel.: (952) 81 52 06 / 81 14 28
Situación y acceso: En la Ctra. Cádiz-Málaga km 174. A 4 km de San Pedro. 7 km de Marbella. 3 km de Puerto Banús y 60 km del Aeropuerto de Málaga.
Número de hoyos: 18
Barras blancas: 6.484 metros.

REAL CLUB DE GOLF LAS PALMAS (1891)
Apartado. 183. Las Palmas de Gran Canaria.
Tel.: (928) 35 10 50
Situación geográfica: En Bandama. a 14 km de Las Palmas.
Número de hoyos: 18
Barras blancas: 5.683 metros
Par: 69. SSS: 70
Barras amarillas: 5.502 metros
Par: 69. SSS: 69

CAMPOS DE GOLF EN ESPAÑA

Barras rojas: 5.023 metros
Par: 72. SSS: M67-F71.

CLUB DE GOLF DE PALS (1966)
Playa de Pals 17256 Pals (Gerona)
Tel.: (972) 63 60 06
Situación geográfica: A 150 metros de la playa, 7 km de Bagur. 30 de Palamós. 40 de Barcelona. 40 de Figueras. 135 de Barcelona y 120 de Perpignan
Número de hoyos: 18
Barras blancas: 6.222 metros
Par: 73. SSS: 74
Barras amarillas: 5.940 metros
Par: 73. SSS: 72
Barras azules: 5.360 metros
Par: 73 SSS: M69-F74
Barras rojas: 5.089 metros
Par: 73. SSS: M68-F72

GOLF EL PARAÍSO (1974)
Carretera de Cádiz-Málaga. km 173
Estepona (Málaga).
Tel.: (952) 78 30 00
Situación geográfica: A 14 km de Marbella y 74 de Málaga.
Número de hoyos: 18
Barras blancas: 6.138 metros
Par: 71. SSS: 72
Barras amarillas: 5.690 metros
Par: 71. SSS 70
Barras rojas: 5.031 metros
Par: 72. SSS: M67-F71

REAL GOLF DE PEDREÑA (1928)
Apartado. 233. Santander
Tel: (942) 50 00 01 - 50 02 66
Situación y acceso: A 24 km de Santander. en una península en medio de la bahía. Servicio de lanchas desde Santander cada media hora.
Número de hoyos: 18
Barras blancas: 5.721 metros
Par: 70. SSS: 70
Barras amarillas: 5.478 metros
Par: 70. SSS: 69
Barras azules: 4.832 metros
Par: 70. SSS: 70
Barras rojas: 4.752 metros
Par: 70. SSS: M66-F69

CLUB DE GOLF MAS NOU (1988)
Urbanización Mas Nou
17250 Playa de Aro (Gerona).

CLUB DE GOLF DE POLLENSA (1986)
Ctra. Palma a Pollensa. Km 49.3 07460 Pollensa (Mallorca).
Tel.: (971) 53 32 16 / 53 32 65
Fax: (971) 53 32 65
Situación geográfica: A 3 km de Pollensa. a 5 de Puerto Pollensa. en el kilómetro 49.3 de la carretera de Palma a Pollensa.
Número de hoyos: 9
Barras blancas: 5.624 metros
Barras amarillas: 5.424 metros

Barras azules: 5.050 metros
Barras rojas: 4.910 metros

CLUB DE GOLF LA PEÑAZA (1972)
Apartado 3.039 (Zaragoza).
Tel.: (976) 34 28 00 / 04
Télex: PEÑAGOLF
Situación y acceso: Km 307 carretera Madrid-Barcelona.
Número de hoyos: 18
Barras blancas: 6.161 metros
Par: 72. SSS: 72
Barras amarillas: 5.900 metros
Par: 72. SSS: 71
Barras azules: 5.368 metros
Par: 72. SSS: 72
Barras rojas: 5.128 metros
Par: 72. SSS: M67-F71

CLUB PINEDA DE SEVILLA (1939)
Apartado 796 (Sevilla).
Telf: (954) 61 14 00 / 61 33 99
Situación y acceso: Carretera General Sevilla-Cádiz, km 3.
Número de hoyos: 9
Barras blancas: 5.934 metros
Par: 70. SSS: 71
Barras amarillas: 5.686 metros
Par: 70. SSS: 70
Barras azules: 5.060 metros
Par: 70. SSS: 71
Barras rojas: 4.854 metros
Par: 70. SSS: M68-F70

GOLF PLAYA SERENA (1979)
Urbanización Playa Serena. Roquetas de Mar (Almería) 04740
Tel.: (951) 32 20 55
Situación geográfica: A 25 km de Almería, en la carretera nacional. Almería-Málaga. desvío a Roquetas de Mar.
Número de hoyos: 18
Barras blancas: 6.301 metros
Par: 72. SSS: 73
Barras amarillas: 6.070 metros
Par: 72. SSS: 72
Barras azules: 5.331 metros
Par: 72. SSS: 73
Barras rojas: 5.174 metros
Par: 72. SSS: M67-F72.

REAL CLUB DE GOLF «EL PRAT» (1954)
Apartado de correos, íO
El Prat de Llobregat (Barcelona).
Tel.: (93) 379 02 78 (5 líneas).
Situación y acceso: A 7 km del aeropuerto de Barcelona.
Número de hoyos: 27
Barras blancas: 5.944-6.256 metros
Par: 72-73. SSS: 71-72
Barras amarillas: 5.761-5.992 metros
Par: 72-73. SSS: M68-F72/74
Barras azules: 5.052-5.401 m.
Par: 72-73. SSS: M68-F72/74
Barras rojas: 4.897-5.252 metros
Par: 72-73. SSS: M67-F71/M69-F73

CAMPOS DE GOLF EN ESPAÑA

REAL CLUB DE LA PUERTA DE HIERRO (1904)
Tel.: (91) 216 17 45
Situación y acceso: Ciudad Puerta de Hierro. Madrid.
Número de hoyos: 36
Barras blancas: 6.347-5.273 metros
Par: 72-73. SSS: 73-68
Barras amarillas: 5.914-5.008 metros
Par: 72-68. SSS: 71-67
Barras azules: 5.234-4.473 metro<:
Par: 72-69. SSS: M68-64/F73-68
Barras rojas: 4.962-4.357 metros
Par: 72-69. SSS: M66-63/F71-67

CLUB DE GOLF DE PONIENTE (1978)
Padre Nadal. 4. Palma (Mallorca) 07001
Tel.: (971) 72 36 15 / 20
Fax: (971) 68 01 48
Situación geográfica: Zona de Magalluf. en desvío de la carretera de Palma a Andraitx. hacia cala Figuera. A 16 km de Palma.
Número de hoyos: 18
Barras blancas: 6.430 metros
Par: 72. SSS: 74
Barras amarillas: 6.140 metros
Par: 72. SSS: 72
Barras azules: 5.400 metros
Par: 71. SSS: 73
Barras rojas: 5.100 metros
Par: 71. SSS: M67-F71

CLUB DE GOLF POZOBLANCO (1984)
San Gregorio. 2. Pozoblanco (Córdoba).
Tel.: (957) 10 02 39 / 10 00 06
Télex: 100376 / 101598
Situación y acceso: A 3 km de Pozoblanco.
Número de hoyos: 9
Barras amarillas: 3.660 metros
Par: 60. SSS: 62
Barras rojas: 3570 metros
Par: 60. SSS: 64

CLUB DE GOLF EL PUNTAL (1985)
Cuesta. 8. 39002 - Santander.

CANCHA DE GOLF LA RAD (1986)
Urbanización La Rad. Carretera de Burgos a Portugal. km 249. Salamanca.

CLUB DE GOLF RIBERA SALADA (1988)
Padre Claret. 14. bajo. Solsona 25280 (Lérida).
Tel.: (973) 48 26 54

LA QUINTA GOLF & COUNTRY CLUB
Carretera de Ronda. km 3.5. Marbella (Málaga).
Tel.: (952) 78 38 16 / 78 38 50
Situación y accesos: Frente al Puerto Banús. a 11 km de Marbella y 60 de Málaga.

Número de hoyos: 18 (y 9 más en construcción).
Barras blancas: 5.700 metros aproximadamente. Pendiente de medición definitiva.
Par: 71. SSS: Sin definir

REAL AUTOMÓVIL CLUB DE ESPAÑA (1967)
José Abascal. 10. 28003 Madrid.
Tel.: (91) 657 00 11. oficinas: 447 32 00
Télex: 45411 / 27341
Situación y acceso: Carretera Madrid-Burgos, km. 28.100. San Sebastián de los Reyes (Madrid).
Número de hoyos: 18
Barras blancas: 6.502 metros
Par: 72. SSS: 74
Barras amarillas: 6.046 metros
Par: 72. SSS: 72
Barras azules: 5.250 metros
Par: 72. SSS: 72
Barras rojas: 5.103 metros
Par: 72. SSS: M67-F72.

GOLF RÍO REAL (1965)
Apartado 82. Marbella (Málaga)
Tel.: (952) 77 37 76 / 77 17 00
Télex: 77059
Situación y acceso: Km 192 de la carretera de Cádiz a Málaga a 5 km de Marbella y 50 de Málaga.
Número de hoyos: 18

Barras blancas: 6.071 metros
Par: 72. SSS: 72
Barras amarillas: 5.871 metros
Par: 72. SSS: 71
Barras rojas: 5.198 metros
Par: 72. SSS: M67-F72.

CLUB DE GOLF ROCA LLISA (1971)
Apartado 200. 07800 Ibiza (Baleares).
Tel.: (971) 31 37 18.
Situación y acceso: En Santa Eulalia del Río. carretera Cala Llonga. km 8.
Número de hoyos: 9
Barras blancas: 6.100 metros
Par: 72. SSS: 72
Barras amarillas: 5.702 metros
Par: 72. SSS: 70
Barras rojas: 4.830 metros
Par: 72. SSS: M66-F70

CAMPO DE GOLF EL SALER (1968)
Parador Nacional «Luis Vives». El Saler (Valencia).
Tel.: (96) 161 11 86 / 24 / 44
Situación y acceso: Situado en el km 18 de la Ctra. Natzaret a Oliva, al lado del mar.
Número de hoyos: 18
Barras blancas: 6.485 metros
Par: 72. SSS: 75
Barras amarillas: 6.110 metros
Par: 72. SSS: 73
Barras rojas: 5.265 metros
Par: 72. SSS: M70-F74.

CAMPOS DE GOLF EN ESPAÑA

CLUB DE GOLF ROCA VIVA (1988)
Aptdo. 6, Capdepera. 07580 Camp
Mitjá (Mallorca).
Tel.: (971) 56 34 04
Situación: Ctra. de Palma a
Capdepera Km 70.

CAMPO DE GOLF DE SALAMANCA (1988)
Plaza de España, 5-6. Edif. España,
Of. 307 - 37003 Salamanca.
Tel.: (923) 24 91 76, Ext. 223

CLUB DE GOLF DE SALAMANCA (1989)
Don Alberto Estella, Los Novios, 2.
37002 Salamanca

GOLF SAN ANDRÉS (1985)
Ctra. Cádiz-Málga. km 14. Chiclana
(Cádiz).
Tel.: (956) 85 56 67

CLUB DE CAMPO DEL REAL SITIO DE SAN ILDEFONSO
Situación y acceso: La Granja
(Segovia).
Número de hoyos: 5 de tierra.

SAN ROQUE CLUB (1988)
P.O. Box 127. San Roque. 11360 Cádiz.
Tel.: (956) 79 21 00, Ext. 265
Fax: (956) 79 21 00, Ext. 262
Situación geográfica: En el término
municipal de San Roque. lindando con
la parte alta de Sotogrande.

CLUB DE GOLF DE SAN CUGAT (1914)
Villa. s/n.. San Cugat del Vallés.
08190 Barcelona.
Tel.: (93) 674 39 08 / 674 39 58
Situación geográfica: En San Cugat
del Vallés, a 20 km de Barcelona.
Número de hoyos: 18
Barras blancas: 5.209-5.187-5.099-5.139 m
Par: 70-70-69. SSS: 68-68-68-68
Barras amarillas: 5.098-5.073-4.875-5.207 m
Par: 70-70-69-69. SSS: 68-68-67-68
Barras azules: 4.467-4.450-4.459-4.414 m
Par: M70-70-69-/F70-70-69-69
SSS: M65-65-65-/F68-68-68-68
Barras rojas: 4.333-4.316-4.356-4.284 m
Par: M70-70-69-/F70-70-69-69
SSS: M64-64-64-64-/F68-68-68-68

REAL GOLF CLUB DE SAN SEBASTIÁN (1910)
Tel.: (943) 61 68 45 / 61 68 46 / 61 68 47
Situación y acceso: Término
Fuenterrabia. Junto a la autopista Irún-

San Sebastián. y aeropuerto de San
Sebastián.
Número de hoyos: 18
Barras blancas: 6.020 metros
Par: 72. SSS: 71
Barras amarillas: 5.739 metros
Par: 72. SSS: 70
Barras azules: 5.221 metros
Par: 72. SSS: 72
Barras rojas: 4.951 metros
Par: 72. SSS: M66-F70

GOLF SANTA PONSA (1976)
Urbanización Sta. Ponsa, Calvia 07180
(Mallorca).
Tel.: (971) 69 02 11 / 69 08 00
Situación y acceso: En Santa Ponsa. a
18 km por autopista Palma-Andraitx.
Número de hoyos: 18
Barras blancas: 6520 metros
Par: 72. SSS: 74
Barras amarillas: 6.170 metros
Par: 72. SSS: 72
Barras azules: 5.640 metros
Par: 72. SSS: 75
Barras rojas: 5.390 metros
Par: 72. SSS: F68-F73

REAL AERO CLUB DE SANTIAGO (1976)
General Pardiñas, 34. Santiago de
Compostela (La Coruña).
Tel.: (981) 59 24 00 / 59 23 94 / 56 20 60

Situación y acceso: Labacolla
(Santiago). Situado en el mismo
Aeropuerto nacional de Santiago.
autobuses desde Santiago a todas horas.
Número de hoyos: 9
Barras amarillas: 6.094 metros
Par: 72. SSS: 72
Barras rojas: 5.342 metros
Par: 72. SSS: M68-F73.

GOLF SCHOOL
Villa de Plencia. 18. 48930 Las Arenas
(Vizcaya)

SCRATCH, S.A.
Cancha de Golf.
Castelló, 66.
28001 Madrid.
Tel.: 226 34 03

CAMPO DE GOLF DE SOMOSAGUAS (1971)
Somosaguas. 28011 - Madrid
Tel.: (91) 352 16 47 / 48 / 49
Situación geográfica: En Somosaguas.
Número de hoyos: 9
Barras blancas: 6.054 metros
Par: 68. SSS: 72
Barras amarillas: 5.683 metros
Par: 68. SSS: 69
Barras rojas: 4.986 metros
Par: 70. SSS: M67-F70

CAMPOS DE GOLF EN ESPAÑA

CLUB DE GOLF SON PARC (1977)
Apto. Correos, 634. Mahón (Menorca)
Tel.: (971) 36 88 06 / 36 20 14
Fax: (971) 36 82 24
Situación geográfica: En Mercadal, a 18 km de Mahón.
Número de hoyos: 9
Barras blancas: 5.838 metros
Par: 70. SSS: 70
Barras amarillas: 5.550 metros
Par: 70. SSS: 69
Barras azules: 5.167 metros
Par: 72. SSS: 72
Barras rojas: 4.894 metros
Par: 72. SSS: M66-F70

CLUB DE GOLF SON SERVERA (1967)
Urb. Costa de los Pinos. 07559. Son Servera (Mallorca).
Tel.: (971) 56 78 02
Situación y acceso: Urbanización Costa de los Pinos, Son Servera (Mallorca).
Número de hoyos: 9
Barras blancas: 5.840 metros
Par: 72. SSS: 74
Barras amarillas: 5.680 metros
Par: 72. SSS: 72
Barras azules: 5.315 metros
Par: 71. SSS: 70
Barras azules: 5.010 metros
Par: 72. SSS: 74
Barras rojas: 5.115 metros
Par: 70. SSS: 70
Barras rojas: 4.732 metros

SON VIDA GOLF, S.A. (1964)
Urb. Son Vida. 07013 Palma de Mallorca.
Tel.: (971) 79 12 10 / 79 17 93
Fax: (971) 71 65 20
Situación y acceso: A 5 km del centro de Palma de Mallorca, autobuses cada 40 minutos.
Número de hoyos: 18
Barras blancas: 5.643 metros
Par: 72. SSS: 69
Barras amarillas: 5.700 metros
Par: 72. SSS: 70
Barras azules: 4.789 metros
Par: 72. SSS: 70
Barras rojas: 4.646 metros
Par: 72. SSS: M65-F69

CLUB DE GOLF SOTOGRANDE (1964)
Apartado 14. Sotogrande (Cádiz)
Tel.: (956) 79 20 50 / 29 / 51
Situación y acceso: Cerca del pueblo de Guadiaro en la carretera de Cádiz-Málaga a 30 km de Gibraltar.
Número de hoyos: 18 y un campo de 9 hoyos (par 3 en su mayoría)
Barras blancas: 6.298 metros
Par: 72. SSS: 74
Barras amarillas: 5.861 metros
Par: 72. SSS: 72
Barras azules: 5.315 metros
Par: 72. SSS: 74
Barras rojas: 5.115 metros
Par: 72. SSS: M68-F73

GOLF DEL SUR (1987)
Golf del Sur. San Miguel de Abona. Tenerife - Islas Canarias.
Tel.: (922) 70 45 55 (5 líneas).
Situación y acceso: Autopista del Sur km 61.5 cruce San Miguel Las Galletas. A 2.5 kms del Aeropuerto Tenerife Sur.
Número de hoyos: 27
Campo Norte y Links: 18 hoyos
Barras blancas: 5.511 metros
Par: 71. SSS: 71
Barras azules: 4.818 metros
Par: 71. SSS: 71
Campo Sur: 9 hoyos en construcción.

CLUB DE GOLF TARADELL-OSONA (1988)
Carretera de Balenya. s/n. 08552 Taradell (Barcelona).
Tel.: (93) 880 03 99

CLUB DE GOLF TERRAMAR (1922)
Apartado de correos. 6. Sitges (Barcelona).
Tel.: (93) 894 05 80 / 894 20 43
Situación y acceso: En la villa de Sitges, a 37 km de Barcelona y a 60 de Tarragona. Ferrocarril y carreteras.
Número de hoyos: 18
Barras blancas: 5.697 metros
Par: 70. SSS: 70
Barras amarillas: 5.486 metros
Par: 70. SSS: 69
Barras azules: 4.877 metros
Par: 70. SSS: M66-F70
Barras rojas: 4.713 metros
Par: 70. SSS: M65-F69

CLUB DE TENIS TALAVERA (1986)
Corredera del Cristo. 14. Talavera de la Reina (Toledo).

GOLF LA TOJA (1970)
Isla de La Toja. Pontevedra.
Tel.: (986) 73 07 26 / 73 08 18
Situación y acceso: Isla de la Toja. Ria de Arosa. a 30 km de Pontevedra y 60 del aeropuerto de Vigo.
Número de hoyos: 9
Barras blancas: 6.252 metros
Par: 72. SSS: 74
Barras amarillas: 6.045 metros
Par: 72. SSS: 73
Barras rojas: 5.305 metros
Par: 72. SSS: M69-F73

GOLF TORREQUEBRADA (1976)
Apartado. 67. 29630 Benalmádena-Costa (Málaga).
Tel.: (952) 44 27 42
Télex: 77528 KSNO-E
Situación y acceso: Benalmádena Costa. al norte de la carretera nacional de Málaga a Cádiz. km 220. Frente al

CAMPOS DE GOLF EN ESPAÑA

casino Torrequebrada.
Número de hoyos: 18
Barras blancas: 5.860 metros
Par: 72. SSS: 72
Barras amarillas: 5.473 metros
Par: 72. SSS: 70
Barras rojas: 4.726 metros
Par: 72. SSS: M66-F70.

CLUB DE GOLF DE TENERIFE (1932)
Apartado, 125. La Laguna (Tenerife).
Tel.: (922) 25 10 48 / 25 02 40
Situación y acceso: A 16 km de Santa
Cruz de Tenerife y 24 km de la ciudad
Turística del Puerto de la Cruz.
Número de hoyos: 18
Barras amarillas: 5.151 metros
Par: 68. SSS: 68
Barras Rojas: 4.403 metros
Par: 67. SSS: M64-F67

CLUB DE GOLF DE ULZAMA (1965)
Guerendiain (Navarra).
Tel.: (948) 30 51 62
Situación y acceso: A 21 km de
Pamplona.
Número de hoyos: 9
Barras blancas: 6.350 metros
Par: 72. SSS: 73
Barras amarillas: 6.040 metros
Par: 72. SSS: 72
Barras azules: 5.372 metros
Par: 72. SSS: M69-F73

Barras rojas: 5.152 metros
Par: 72. SSS: M67-F72.

CLUB VALDELAGUILA (1975)
Apartado, 9. Alcalá de Henares
(Madrid).
Tel.: (91) 885 96 59
Situación geográfica: A 8 km de Alcalá
de Henares, por la carretera de
Loeches.
Número de hoyos: 9
Barras amarillas: 5.714 metros
Par: 72. SSS: 70
Barras rojas: 5.028 metros
Par: 72. SSS: M67-F71.

CLUB DE GOLF VALDERRAMA (1975)
Apartado. 1. Sotogrande (Cádiz).
Dirección telegráfica: Sotogrande
(Cádiz).
Tel.: (956) 79 27 75
Situación geográfica: En la
Urbanización «Sotogrande», cerca del
pueblo de Guadiaro, en el km 142 de
la carretera de Cádiz-Gibraltar a
Málaga, a 30 km de Gibraltar y
Algeciras y 110 de Málaga.
Número de hoyos: 18
Barras blancas: 6.326 metros
Par: 72. SSS: 73
Barras amarillas: 5.974 metros
Par: 72. SSS: 71
Barras azules: 5.506 metros

Par: 72. SSS: M69-F74
Barras rojas: 5.115 metros
Par: 72. SSS: M67-F71

CLUB DE GOLF VALLADOLID (1988)
San José de Calasanz. 82. 3° F.
Valladolid.

CLUB DE GOLF VALL D'OR (1986)
Apdo. 23. Cala d'Or 07660 (Mallorca).
Tel.: (971) 57 60 99
Situación geográfica: Km 7.700 de la
carretera de Porto-Colom a Cala d'Or,
a 3 km de la playa; a 3 km de Porto-
Colom, a 7 km de Cala d'Or: a 59 km
de Palma de Mallorca.
Número de hoyos: 9
Barras blancas: 5.450 metros
Par: 70. SSS: 70
Barras azules: 4.854 metros
Par: 70. SSS: 67.

CLUB DE GOLF VALL D'ARAN (1988)
Edificio Marimanya. Baqueira. Vall
d'Aran. (Lérida).
Tel.: (973) 64 52 69.

AERO CLUB DE VIGO (1951)
Reconquista, 7. Vigo
Tel.: (986) 24 24 93 / 22 11 60
Situación y acceso: Inmediaciones del
aeropuerto Peinador a 8 km de la
ciudad.

Número de hoyos: 9
Barras amarillas: 5.734 metros
Par: 70. SSS: 70
Barras rojas: 4.870 metros
Par: 70. SSS: M62-F70

CLUB DE GOLF VALLROMANAS (1969)
Apartado, 43. Montornés del Vallés.
Tel.: (93) 568 03 62.
Situación y acceso: Carretera de
Masnou a Granollers km 7.5. Autopista
de Barcelona a Mataró salida a
Masnou.
Número de hoyos: 18
Barras blancas 6.038 metros
Par: 72. SSS: 72.
Barras amarillas: 5.878 metros
Par: 72. SSS: 71
Barras azules: 5.163 metros
Par: 72. SSS: M67-F72
Barras rojas: 5.016 metros
Par: 72. SSS: M67-F71

CAMPO DE GOLF VILLAMARTÍN (1972)
Apartado, 35. Torrevieja (Alicante).
Tel.: (96) 676 03 50 / 54 / 62
Situación y acceso: Carretera
Torrevieja-Cartagena, km 7.6,
aeropuerto «San Javier» y el Alted.
Número de hoyos: 18
Barras blancas: 6.132 metros
Par: 72. SSS: 72

CAMPOS DE GOLF EN ESPAÑA

Barras amarillas: 6.037 metros
Par: 72. SSS: 72
Barras rojas: 5.252 metros
Par: 72. SSS: M68-F72

REAL AERO CLUB DE ZARAGOZA (1966)
Sección de Golf. Coso, 34.
50004-Zaragoza.
Tel.: (976) 21 43 78
Situación geográfica: A 12 km de la capital. Próximo a la base aérea.
Número de hoyos: 9
Barras amarillas: 5.042 metros
Par: 70. SSS: 67
Barras rojas: 4.522 metros
Par: 70. SSS: M64-F68

VISTA HERMOSA CLUB DE GOLF (1975)
Apdo. 77. Pto. Santa María (Cádiz).
Tel.: (956) 85 00 11
Situación y acceso: En la Bahía de Cádiz, a 1,5 km del Puerto de Santa María por la carretera del Puerto a Rota. A 20 km del aeropuerto de Jerez.
Número de hoyos: 9
Barras blancas: 5.674 metros
Par: 72. SSS: 70
Barras amarillas: 5.496 metros
Par: 72. SSS: 70
Barras azules: 5.084 metros
Par: 72. SSS: M67-F71
Barras rojas: 4.866 metros
Par: 72. SSS: M66-F70

CLUB DE GOLF LOS VILLARES (1976)
Ronda de los Tejares, 1, 2º. Apdo. 436
14001 Córdoba
Tel.: (957) 35 02 08
Situación y acceso: En el km 9,2 de la carretera de Córdoba a Obejo.
Número de hoyos: 18
Barras blancas: 5.964 metros
Par: 72. SSS: 73
Barras amarillas: 5.676 metros
Par: 72. SSS: 72
Barras azules: 5.178 metros
Par: 72. SSS: 74
Barras rojas: 4.920 metros
Par: 72. SSS: M68-F72

REAL GOLF DE ZARAUZ (1916)
Apartado, 82. Zarauz (Guipúzcoa).
Dirección telegráfica: GOLF-CLUB.
Tel.: (943) 83 01 45
Situación geográfica: A 1 km de Zarauz y 25 de San Sebastián.
Número de hoyos: 9
Barras blancas: 5.092 metros
Par: 68. SSS: 67
Barras amarillas: 4.900 metros
Par: 68. SSS: 67
Barras rojas: 4.118 metros
Par: 68. SSS: M63-F67

DEPORTE 92 es una colección que pretende facilitar la iniciación a todos los deportes mediante 30 volúmenes monográficos en los que se analiza la historia. la técnica. la práctica de cada uno de ellos. así como los mejores especialistas, los récords. marcas. cuadros estadísticos e información general útil para la iniciación. práctica y comprensión de cada deporte.

TÍTULOS PUBLICADOS
BALONCESTO
ATLETISMO I
ATLETISMO II
TENIS
CICLISMO
NATACIÓN

PRÓXIMA APARICIÓN
VELA I
MONTAÑISMO
VELA II